The Having

The Secret
Art of Feeling and
Growing Rich

富と幸運を引き寄せる力

イ・ソユン
ホン・ジュヨン 著

吉原育子 訳

飛鳥新社

プロローグ──私もお金持ちになれるのだろうか

新聞で読んだその一文が頭から離れなかった。私は窓の外に目をやった。飛行機の翼の下には名も知らない山脈が果てしなく広がっている。私は「幸運の女神」と呼ばれる、ある女性に会うために、ヨーロッパに向かう途中だった。そこで出会うことになる人、彼女は多くの人に幸運をもたらす人物として知られていた。

名前はイ・ソユン。

魅惑的で神秘的な雰囲気の東洋女性であるソユンを、西洋人たちはグル〈guru〉という称号で呼んだりもした。リスペクトする精神的な指導者という意味を込めて、敬愛と信頼の気持ちを伝えているのだ。

ソユンが特別な人生を歩み始めたのは、六歳の頃だった。幼くして東洋の古典をマスタートし、数万人のデータを集めて事例の分析まで終えた彼女は「お金持ちたちのグル」としてその名を知られ始めた。二〇代のときには西洋の古典を吸収して洞察の幅を広げ、アメリカ、ヨーロッパなどを訪れ、その土地の師と知恵を分かちあった。ソユンの名声を聞いて訪れた者たちは、大企業の創業者や主要企業の経営者、大型投資家など、上位〇・〇一パーセントに属するお金持ちたちだった。彼らのあいだで、彼女の名前は貴重で秘密めいた情報だった。彼らはソユンに相談したあと、一世一代のチャンスをものにしたり、最高の地位にのぼりつめたりするなど、人生のクォンタムジャンプ〈飛躍的な進捗〉を成し遂げた。

新聞記事によれば、ソユンの運命を真っ先に見抜いたのは彼女の祖母だった。中国人相手に生地の商売をしていた祖母は、四柱推命と観相を見ることに長けていた。中国の商人たちは取引の前に相手の四柱推命を見る習慣があり、そんななかで身につけた運命学〈易学〉で孫たちの運を見ていた祖母は、驚かずにいられなかった。少女のソユンが非常に特別な運命のもとに生まれついた子だったからだ。祖母はそのときこう告げたという。

「私がこの子に運についての勉強をさせる。それを学べば、人々に大きく貢献できるだろう」

ソユンに会ったらどうしても尋ねたいことがあった。どうすれば富と幸運の道を歩むことができるのか。どうすれば幸せなお金持ちとして生きることができるのか。じつを言うと、数カ月前に他界した父からこんな願いを託されたのだ。

「現在を犠牲にせずに、真のお金持ちとして生きなさい。その方法を探して、おまえの人生を楽しみなさい」

親から莫大な財産を相続したわけでも、類まれな能力があるわけでもない私が、現在を犠牲にすることなくお金持ちに……はたしてなれるのだろうか。その父の最期の願いはかなえられないだろうと思っていた私に、ある同僚が、この人なら方法を知っているはずだと教えてくれた。それが、お金持ちたちのグル、イ・ソユンだったのだ。

彼女のことを知れば知るほど、不安ばかりが膨らんだ。政財界の大物でもめったに会えない人だというのに、私のような凡人が会うことなどできるのだろうか。噂を頼りになんとか彼女の居場所を突き止め、飛行機に乗り込んだものの、蜃気楼のように彼女が消えてしまったらどうしたらいいのか。彼女に会えなかったら、私はどうしたらいいのだろう。

雑念を振り払おうと、座席の前のテーブルを倒してノートを広げ、彼女に質問したいことを一つずつ書き出した。


「お金持ちになる方法は？」

「今日を犠牲にせずに、現在を楽しみながらお金持ちになれるのか」

「お金持ちになれるのなら、いつ、どうやってお金が入り始めるのか」

「私のように平凡な人間は、どれくらいの財産を手に入れることができるのか」

「本当に私もお金持ちになれるのか」


ストレートに質問を書き連ね、ノートに集中しているあいだに、飛行機は徐々に高度を下げた。そのとき、本能的に予感がした。

〈彼女に会えば……きっと今とは違う人生になるはず〉

＊＊＊

父はクルビという高価なイシモチの干物が好物だった。誕生日や盆正月に何がいちばん食べたいかと訊くと、イシモチの干物だと、いつも同じ答えが返ってきた。幼いころに親戚の家で食べた、ちょうどいい塩加減が後を引く、あのうまさが忘れられないというのだった。そう話すたび、またその味を思い出すのか舌鼓を打つようにした。そして、干物を天井にぶらさげて眺めていたという、ものすごくケチな人間の昔話を聞かせてくれたりもした。

「そうやって、つつましく、倹約しなくてはならんのだ」

父にとってその物語は相変わらず倹約の美徳の代名詞だった。そんな話は今では笑いの種になるだけだと言いたかったが、実際、父は一生、千ウォン〈百円〉たりともぱっと使えない人だったから、とてもそんなふうには言えなかった。イシモチの干物くらいは何の気兼ねもなく買えるようになっても、父は自分では一度も買わなかった。

父の幼少期、一九五〇年代は国全体が貧しい時代だった。これといって生計を立てる手段がなかった父の家族は、毎日お腹を空かせ、食べる物の心配をしなければならなかった。徴兵を逃れて隠れていた祖父の代わりに、外に出て食糧を探すのは父と、数歳離れた兄の仕事だった。

食べ物を調達するため、幼い兄弟はアリのようにまめに歩き回った。夜になれば、猫のようにこそこそと忍び足で穀物の粒を拾ってきた。日中は自分の体より大きいカバンをぶらさげて、道ばたでアイスクリームを売った。米ぬかの透きとおったお粥は、いくら食べても腹の足しにはならなかった。子どもたちが売るアイスクリームは売れる日より売れない日のほうが多かった。溶けてしまったアイスクリームを背負って家にとぼとぼと帰っていく日は、とにかく涙が出たという。夕飯抜きということが、あまりに怖ろしいからだった。

お金への恐怖と不安を感じ始めたのもその頃だった。幼い父にとって貧しさとは、ひもじさと怖ろしさ、そして潜在的な死を意味した。歳月が流れ、食べる心配をしなくなっても、父は口癖のように言っていた。またあのときのように貧乏になるくらいなら、死んだほうがましなのだと。

ひもじくて苦痛だった記憶のせいか、父は生涯、つつましく暮らした。退職後は十分食べて暮らせるだけの蓄えもあったのに、習慣は変わらなかった。

「いつすべてを失って無一文になってもおかしくない。お金は使うものではなく、貯めるものだ」

祈禱文のようにそう唱え、つねに修道僧のような生活を送っていた。

顔を洗った水はバケツに入れて、トイレを流すときに使った。服を買ったのは数えるほどしかなかった。安物の赤茶色のジャンパー一枚で一〇年以上、冬を過ごしたのだから、何も言えない。じつは父がそのジャンパーをいちばん着ていたのは家の中だった。暖房代を節約するため、着古したジャンパーで寒さをしのいでいたのだ。

節約が習慣になっていたので、お金がかかることは一切やらなかった。朝は体操で体を動かしてから一人で囲碁を打った。昼食は近所の高齢者福祉センターで済ませ、午後は川べりを散歩した。外出すれば、手ぶらで帰ってくることはまずなかった。リサイクルボックスや引っ越した家をのぞいては、捨てられた服や靴、家電などを拾ってきた。集めたがらくたで一部屋が埋まったが、古物商のようなその部屋は父にとっては宝箱だった。

そうして平和に暮らしていた父に、その日は何の予告もなく訪れた。体重が急激に落ち、病院に行くと、青天の霹靂《へきれき》のようなことを言われたのだった。

「すい臓がんです。すでにかなり進行しています。手術は難しいでしょう」

父ががんだなんて。信じられなかった。どうすればいいの？ 何ができるのだろう？ 頭の中がパニックになっていたときに、イシモチの干物のことが思い浮かんだ。父の大好物の、でも倹約してそんなに食べられなかったあの干物だ。すぐにデパートに飛んでいき、並べられた商品のなかでいちばん上等なものを選んだ。十尾で三〇万ウォン〈三万円〉。この先、私は何度これを父に届けることができるのだろう。

しかし、それが私が届けた最後のイシモチになった。恐ろしいスピードで広がったがん細胞が消化器官を圧迫してしまったからだ。イシモチの干物を受け取って何週間もしないうちに、父はもはや食べ物を消化できなくなった。

がんだと知っても父は驚くほど変わらなかった。つつましく節約しないといけないという、長年の信念を固守したのだ。相変わらず、顔を洗い終わった水はバケツに入れ、いちばん安い写真館で遺影を撮った。何より頑として言い張ったのは、がん病棟に入院したとき、六人部屋でいいということだった。入院費が一日一万ウォン〈千円〉ほどのその病室で、父は家族とも自由に会話することができず、テレビのチャンネルも好きに選べなかった。子どもの気持ちも考えてほしいと、父に対して怒ってみたり説得したりしてみたが、父にとっては余計な無駄遣いにすぎなかった。

六人部屋のベッドの上で、父が眠れぬほど心配したのはやはりお金の問題だった。今度は自分のお金ではなく、子どもたちのお金の心配だった。

「おまえたちが貧しい暮らしをするかと思うと不安でならない。わしももうおまえたちを助けることができないからだ。そこで、どれだけ節約してどれだけ貯蓄するか、計画表をつくってきてほしい。五年、十年単位で細かく計画して持ってくるように」

病床の父の言葉に逆らうことはできなかった。父を安心させるため、収入と経費を検討し、消費を減らして貯蓄を増やすという計画表を完成させた。ベッドの上の父は紙に記された数字を確認すると、黙ってうなずいた。

秋が深まるにつれ、父の病状は次第に悪化していった。足はパンパンに腫れ始め、背中の骨がすべて見えるほどやせ衰えた。だんだんと口数も減った。病室を訪ねるたびに、父はかがみこむように腰を曲げて座り、窓の外ばかり見つめていた。何をそんなにじっと考え込んでいたのか、数週間してようやくわかった。

クリスマスを控えたある日のことだった。病院の父から電話がかかってきた。どうしても言っておきたいことがあるという。慌てて駆けつけた私を見て、父はまず手を握った。今にして思えば、父はあのとき、何か予感がしていたのかもしれない。

「わしの人生の望みはお金持ちになることだった。それで、とにかく節約ばかりしていた。だが結局、かなわなかったんだ。思い返すと後悔もしている。節約することばかり考えて、幸せな一瞬一瞬を逃していたんじゃないかとな……。今までおまえにも節約しろと言い続けてきたが、もう撤回したい。今を犠牲にすることなく、本当の意味でのお金持ちとして生きてほしい。その方法を見つけて、おまえ自身の人生を楽しみなさい」

何と答えていいかわからず、その場でただうなずくだけだった。だが、数日後、だんだんと意識が薄れていく父のかたわらで、もう時間があまり残されていないことを本能的に悟った。私は父の手を握りしめると、心から言った。

「お父さん、心配しないでね。お父さんに言われたとおり、人生を謳歌する幸せなお金持ちになって生きるから。その方法を必ず見つけだすから。誓うわ」

焦点も合わずに天井を見つめる父の目に涙がにじんだ。そして、やるべきことは終えたとでもいうように、父はその夜、亡くなった。

葬儀を済ませ、実家で遺品を整理していたら、冷凍室の隅からイシモチの干物が五尾、どさっと出てきた。かちこちに凍ったその魚を見た瞬間、それまでこらえていた涙がどっとあふれた。あれほど好きだったイシモチの干物を十尾も食べられなかったなんて。父は誰のために、何のために、生涯、我慢ばかりしていたのだろう。そして、どんな思いで本当のお金持ちになる方法を見つけろと私に言ったのだろう。ひとしきり泣いて、私は涙をぬぐいながら固く決心した。

〈私は父のように今を犠牲にして生きたりしない。父に託されたとおり、今この瞬間を楽しんで、幸せを逃さないお金持ちとして生きるんだ。そんな人生を生きるために、真のお金持ちになる方法を必ず見つけ出してみせる〉

目次

Part Ⅵ

幸運の道を歩く

Part I

富を引き寄せる力――ハビング〈Having〉

1　富と幸運をもたらす運命

私は四〇回目の誕生日を迎えた。父を亡くし、四〇代ともなると、何もかもが以前とは違って見える。これまでの私の人生は誰から見ても無難そのものだった。一から財産を築いた父のおかげで、恵まれた環境で教育を受け、一〇年近く新聞記者として働いた。ペンシルバニア大学で経営学修士号〈ＭＢＡ〉を取得し、現在はアメリカ系企業の渉外部門で働いている。

大成功というわけではないけれど、大失敗でもない人生。毎月、決まった日に給料が振り込まれ、職場ではそれなりに認められた。思いやりのある夫と一人息子もいる。正直に言うと、生活に不自由を感じたことはない。かといって、お金の心配をせずに生きてこられたわけでもない。

とにかくいつも余裕がなかった。一万ウォン〈約一〇〇〇円〉ですら心おきなく使えなかった。新聞が配達されればまずは割引クーポンを切り取り、スーパーにはお買い得品をねらって閉店まぎわに駆けこんだ。ガソリンの値段をスタンドごとに比較するのはもちろんのこと、子どもの成長に合わせて必要になる育児用品や学用品は、何時間かけてでも最安値の品を探しだした。人より高く購入するのは納得できなかった。もし高く買ったと知ったら？　ショッピングモールにレシートを送りつけ、何時間でも電話口でねばって、必ず払い戻しに応じてもらった。

それなのに、どんなに切り詰めても、給料は通帳からすぐに消えてしまうように見えた。経済的余裕を満喫するどころか、赤字でないのが幸いだと思うだけだった。そうやって明日のために今日を犠牲にしてきた私の人生。でも、その明日は、はたして本当に来るのだろうか？　残りの人生も同じように生きたいかと問われたら？　答えは明らかに「ノー！」だ。

父を見送ってから、お金持ちになる方法を本格的に調べ始めた。さまざまな資料を読みあさり、新聞記者時代のネットワークまで総動員した。それでも、返ってくる答えはどれもこれも一緒だった。「富への階段はすでに崩壊している」というものだ。

「トマ・ピケティの言うように、資本収益率が経済成長率をすでに上回っているのです。個人の努力だけでは、相続財産がある人には追いつけません」

「雇用はしだいに減少していくでしょう。ＡＩ〈人工知能〉やロボットに取って代わられるからです。お金持ちになるのは資本家だけで、一般の人はますます困窮していくでしょう」

　取材先で出会った若い人たちも、私と同じ心境のようだった。なんとしてでもお金持ちになる方法を知りたがっていた。

「親からいつも言われています。倹約してお金を貯めろって。でも親のようには生きたくない。未来のために今を犠牲にしたくはないんです」

「給料が入っても、家賃に奨学金の返済、生活費まで支払えば、何も残りません。結婚して子どもが生まれたら、さらにお金がかかります。当然、自分のためには一銭も使えないだろうし。マイホーム？　夢のまた夢ですよ」

「今後、お金持ちになるのはますます厳しくなると言われているのに、実際には裕福になっている人が増えているように思うんです。その秘密は何なのでしょう？　私はお金持ちになれるのでしょうか？」

誰に尋ねても絶望的だった。そんなとき、こう教えてくれた人がいた。お金持ちたちのグルで、答えを知っている人がいる。それを聞いた瞬間、ぱっと明かりが灯った気がした。一〇年前、私も彼女に会ったことがあるからだ。

当時、私は新聞社で週末記事の担当記者として働いていた。週末に肩肘張らずに読める記事を書くのが私の仕事だった。ほかの記者とワインの会に出かけたときのこと。そこで興味深い話を聞いた。「お金持ちたちのグル」がいるというのだ。名前はイ・ソユン。そうそうたるお金持ちが彼女に意見を仰ぐという。名門大学を卒業し、年齢はまだ二〇代。

話を聞けば聞くほど、驚きの連続だった。「富と幸運をもたらす運命」にあるといって祖母に見いだされ、四柱推命を学び始めたのが六歳のとき。それ以後、東西の古典を自ら読み解いて、数万件の事例を分析したという。彼女と話した世界的な企業家たちも、それまで見たこともないような彼女の洞察力に、驚きを禁じえなかったらしい。

「すごく興味をそそられる話ね。どんな人なのか、もっと聞かせてもらえない？」

私が強い関心を示すと、同僚はワインをもう一口飲んでから話を続けた。

「興味深いのはね、彼女に会った人は全員、それぞれまったく別の人に会ったかのように話すことなの」

気になって仕方なかった。口がカラカラになり、喉が渇いた。

「賢明な師匠のようだとか、人を魅惑する魔女のようだとか、純粋な少女みたいだと言う人もいるんだって」

「へぇ、そうなの？」

「彼女に会った人はみんなこう言うらしいの。グルに会って人生が変わった。幸運に恵まれて、チャンスをつかんで、何よりずっとお金持ちになれたって」

直感でピンときた。これは記事のいいネタになる！　インタビューを口実に彼女に直接会ってみたいという気持ちもあった。いったいどんな人物なのか、とても気になった。万策を尽くして調べた末に、ようやくアポイントを取りつけることができた。

インタビューの当日。ロビーで彼女を待っていると、大きなガラスのドアが開いて、人が入ってきた。誰にでも、人生においてつい昨日のことのように憶えている瞬間があると思う。そのときの空気や雰囲気、音までもが鮮やかによみがえるような。初めてソユンに会ったときがそうだった。私は今でも、その日のことが忘れられない。

彼女の姿は最初ははっきりとは見えなかったが、彼女がグルであることは一目でわかった。彼女を取り巻く空気からして違っていた。明け方の霧のような神秘的な雰囲気に包まれていた。大勢の人に会ってきたが、こんな感覚は初めてだ。すっかり緊張した私は、固まったように立ち尽くしていた。

ソユンは私に歩み寄ると、手を差し伸べて握手を求めた。

「ホン・ジュヨンさんですね？　はじめまして」

ためらいがちに私は口を開いた。

「は、はじめまして。なんとお呼びしたらいいのか……」

「名前で呼んでいただいてかまいませんよ」

甘い音楽のような声だった。華奢《きゃしゃ》で手足がすらりとしたソユンは優雅に堂々と立っていた。色白の丸顔、まっすぐ通った鼻、ほほえむたびに輝く瞳……。典型的な美人というわけではないものの、上品で魅力的な容姿だった。二〇代後半だというが、実際の年齢よりずっと若く見えた。神秘的な光を帯びたそのまなざしを除いては。

その日のインタビューは、まるで魔法でもかけられたかのように順調に進んだ。何も目に入らないくらい、私はすっかり会話にのめりこんでしまった。彼女の洞察力に思わず感嘆の声がもれた。ソユンはあふれるカリスマ性で会話をリードし、適切な答えを返してくれた。わかりやすい言葉は私の心を癒やしてくれた。

インタビューも終わりかけ、最後に、気になっていたことを尋ねてみた。

「今後の予定を教えていただけますか？」

「国内の数万人のお金持ちの事例を取りまとめて、富と心のもちようの相関関係を分析しているところです」

「お話をうかがうだけでもワクワクしますね。その分析が終われば、お金持ちの秘密が解き明かされそうですね！」

別れる寸前、ソユンが私の手をそっと握った。

「まだ意識していないと思いますが、ホンさんは今、かごの中に閉じこめられていいます。これから一〇年以内にそこから脱け出ようとするなら、私たちはまた会えるでしょう」

何も言葉を返せなかった。どういう意味なのかわからなかった。でも一〇年経った今、また会えるはずだというその言葉は、音楽のように私の耳元で生き生きと響いている。

彼女は今どこにいるのだろう？　私に伝えた言葉を憶えているだろうか？

2　グルを探して

ソユンの近況を探ろうと、私は必死にネットを検索し、人に尋ねてまわった。インタビュー以後、ソユンは執筆や講演活動に専念しているようだった。洞察力が深まるにつれて名声が高まり、彼女を支持する人も増えたようだ。彼女に会うには二年待ちはあたりまえなのだという。経済危機が差し迫ったときや、大企業の人事異動の発表時期になると、彼女の自宅前には大勢の人が押し寄せるという。

ところが、ソユンは最近、姿をくらましたとも言われていた。以前のようにお金持ちの相談に応じてはいないというのだ。苦境に立たされたのは彼女を頼っていた人たちだった。面会がかなわなかった大手企業の役員たちが年末の人事異動で次々に解雇されたという話、家の前に陣取った政治家たちも結局、彼女に会うことができず、困惑顔で帰っていったという話も聞こえてきた。

彼女の居場所については、あらゆる憶測が飛び交っていた。いちばん信ぴょう性があるのは、彼女が驚くようなことを準備しているという噂だった。数十年にわたって相談にのってきた、その研究の成果の集大成を準備しているという。それ以外には、海外で療養中だとか、ヨーロッパで隠遁《いんとん》しているという噂もあった。日本でお金持ちの相談を受ける姿を目撃したという人もいた。

インターネットで検索して出てきた直近のインタビューでは、ソユンは輝くような笑顔でこう話していた。「数万人のデータを集約して、その秘密を分析してみたところ、たった一つの答えにたどりつきました」。でも、その答えが何なのかまでは書かれていなかった。お金持ちの秘密がとうとう解明されたのだろうか？　そわそわしてきた。すぐにでもその答えが聞きたいと思った。やっとのことでメールアドレスを手に入れると、私は心を込めてメールを書き始めた。
まずは一〇年前の出会いに触れて、私を憶えているかどうかを尋ねた。さらには、父が残した遺産を守るためにお金持ちになりたいと伝えた。その答えを知っているのは、あなただけなのだとも。一〇年前、一度会っただけの相手に対して、いろいろと書きすぎて、無理なお願いをしているようにも思えた。
メールを送信する前、目を閉じて、祈るように手を合わせた。

「どうか、ソユンさんに読んでもらえますように……」

マウスをクリックしてメールを送信した。今や、すべては私の手から離れたのだった。

そうして数日が過ぎた。大学の合格発表を待つよりもドキドキする毎日だった。携帯電話が鳴るたびに胸がドキンとした。ソユンはメールを見てくれただろうか？　私を憶えていなかったらどうしよう？　考えれば考えるほど頭が混乱した。

一週間ほどすぎたころ、新着メールの通知があった。ソユンからの返事だ！　驚きとうれしさのあまり、私は弾けるようにぱっと立ち上がった。

「こうしてご連絡をいただけてうれしいです。もちろん憶えていますよ。よくここまでいらっしゃいましたね」

連絡が来るのを知っていたかのような、落ち着いた文面だった。父を失ったことに対しての思いやりあふれるお悔やみの言葉に続き、今はヨーロッパに滞在していると書かれていた。その次の一文は、何度読み返しても信じがたいほどだった。全身にびりびりと震えが走った。

「ようやくそのときがきましたね。この世に偶然はないとお話したことを憶えていますか？　すべては、長いあいだ準備されてきた、一つの奇跡です」

いつでも訪ねてきてほしいと書かれていた。それを読み、私は勢いよく立ち上がった。パソコンの電源を入れ、返信すると、そのままイタリア行きのチケットを予約した。

＊＊＊

ソウルを発って一二時間後、飛行機はミラノ空港に着陸した。ソユンが宿泊するホテルは、景色が美しいことで有名なコモ湖のそばにあった。空港でレンタカーを借りると、そのままホテルへと向かった。高速道路を走っていると、不意に一〇年前の記憶がよみがえってきた。

インタビューを終えたソユンと私はコーヒーを飲みながらしばし話をした。当時、私は悩んでいた。記者を続けるべきか、留学してさらに勉強すべきか。自分にとってどちらが有益なのか尋ねてみたかったものの、いざ質問しようとするとためらわれた。

〈有名なお金持ちですらずいぶんと待たされて、やっとのことで会える人なのに……インタビューを口実に個人的な悩みについて相談するのは失礼じゃないだろうか。でも、私にとっては重要な問題だし……。チャンスは今しかないかもしれない〉

どうしていいかわからずに躊躇《ちゅうちょ》していると、ソユンと目が合った。その目を見た瞬間、魔法の粉を振りかけられたかのように気持ちがふっと落ち着いた。私のすべてを肯定してくれているまなざしだった。どんな質問をしても、非難されたり、評価されたりしないだろうと思った。

ためらいを振りきって質問すると、ソユンはある寓話を聞かせてくれた。仏教の経典に出てくる「黒と白の二匹のネズミ」という話だった。

象に襲われて逃げまどっていた男が井戸を見つけた。蔓《つた》を伝って井戸のなかへと下りていくと、井戸の底には毒蛇が何匹も口を開けて待ちかまえていた。頭上を見上げると、今度は白ネズミと黒ネズミが蔓の根元をかじっている。そのとき、男の頭の上にぽたぽたと何かが落ちてきた。指ですくってなめてみると、甘い蜜だった。男は死の危機に瀕していることも忘れて、無我夢中で蜜をなめつづけた。

ソユンが、こちらを見て、やさしく問いかけた。

「この人は、どうしたら危機を逃れられるでしょうね?」

「この状況で蜜に気をとられるなんて……死ぬのは避けられないように思えます」

私の答えに耳を傾けていたソユンが言った。

「できることはただ一つ。蔓《つた》を伝ってはいあがり、象と闘うことです。いったん心を決めてしまえば、怖れているほど大変ではないはずです。そして勝者の前には、荘厳な大地の光景が広がるのです」


そう言われたとたん、私の中にあった怖れは黒雲が晴れるように消えさった。希望が太陽のように燃え上がり、チャレンジする勇気が生まれてきた。数カ月後、私はMBAを取得するため、アメリカ行きの飛行機に乗り込んだ。

この一〇年、試練に見舞われるたびに思い浮かべたのは、ソユンのアドバイスだった。彼女の言っていたとおりだった。にっちもさっちもいかなくなる瞬間にも、決心さえすれば、象を追い払うのは思ったより難しくなかった。蔓を伝って上にいくほど怖れは薄れ、驚いたことに目の前には違う世界が広がっていった。なんとも貴重なアドバイスだった。そのたびに、心の内側までも見抜く彼女の力に感嘆するしかなかった。

思い出から現実に戻るころ、車はいつしかコモ市内に入っていた。絵の具を溶いたような青い空と、小さな聖堂、赤い屋根の家々が目に入る。市街地を抜けると、美しい湖が目の前に広がった。湖面に反射する地中海の日差しは、まるで一幅の絵のようだった。心もしだいに弾んできた。

〈あれからもう一〇年……ソユンはどんなふうになっているだろう？　どんなことがあっただろう？〉

ほどなくして、待ち合わせ場所に到着した。大邸宅を思わせるゴージャスなホテルだった。ロビーからの湖の眺めに、つい足が止まる。こんなホテルに宿泊するには、いったいいくらかかるのだろう？　きらびやかなロビーに立ち尽くし、私は少々ひるんでいた。黒いジャケットに白いシャツという今日のいでたちが、どことなくこの場にそぐわないような気がしたからだ。すっかり緊張したまま、道連れのパソコンケースをただ握りしめて立っていた。

そのときだった。どこからか、湖のように穏やかな、透きとおった声が聞こえてきた。

「遠いところ、ようこそお越しくださいました」

3 再会

声がするほうを向くと、湖をバックに立つ女性のシルエットが見えた。きらきらと輝く湖を背にしているせいか、顔ははっきりとは見えない。でも、誰なのかは一目でわかった。一〇年前と同じく、漂う空気が違っていたからだ。

ソユンは、肩を出したデザインの膝丈の黒いワンピース姿だった。ダークブラウンの髪はやわらかく波打っていた。背は高くなかったが、その存在感にはまわりを圧倒するオーラがあった。

ゆっくりと彼女が近づいてきた。驚いたことに、その数秒のあいだずっと、違うソユンの姿が見えていた。花盛りの春、情熱的な夏、落葉の秋、冷えこむ冬。四季のすべてが彼女の瞳の中を順に通り過ぎた。

「ご無沙汰しております。お忙しいところ、こうしてお時間を割いてくださってありがとうございます」

私は、震える気持ちを抑えてあいさつした。私の前で足を止めた彼女からは、ジャスミンとムスクが合わさったような蠱惑《こわく》的な香りがした。二〇代のころのソユンがすがすがしい春のバラだったとすれば、今の彼女は、真夏の太陽の下で咲く満開のバラだった。強烈でありながらも、安らぎがあった。

「思っていたよりお元気そうですね。よかった」

あたたかいその一言に、思わず涙ぐみそうになった。父を失った悲しみが込み上げてきたからだ。

やさしくほほえみながら、ソユンは自分のスイートルームへと案内してくれた。彼女が電話でルームサービスのコーヒーを頼んでいるあいだ、私は部屋のあちこちを見回した。オーク調の家具に囲まれて、深紫色のソファが置かれている。窓から望む湖は、また別の美しさに輝いている。ソユンが隠遁していたというのは、もしかしたらこの部屋なのだろうか？

「ほんとうにきれいですね。ずっとこちらにいらっしゃったのですか」

彼女はゆっくりと首を横に振った。

「いいえ。私も三日前に到着しました」

「そうでしたか。連絡が取れないと気をもんでいる人がたくさんいるみたいで……」

ソユンは私の腕にやさしく触れながら言った。

「それでも、会うべき人にはこうして会えるのです」

そのとたん、魔法にかかったように心の鍵が外れた。父を見送った悲しみと、人生の現状に対する絶望感やもどかしさ、臨終前に父と交わした約束まで、私はすべてをソユンに打ち明けていた。知らずと涙がこぼれた。父が亡くなってからも人前で泣くことなどなかったのに……。ソユンの前では不思議なくらい心の痛みに素直になれた。

ソユンは、泣いている私の手を包み込んだ。それからハンカチを差し出した。あたたかな思慮深いまなざしだった。

「あるがままの悲しみに、十分にとどまってあげることが大切なのです。そうすれば悲しみは川のように流れていきます」

こらえていた涙を出してしまうと、すっきりして、気持ちが楽になった。私は正直な感情をさらに告白した。

「父が生きてきた人生に思いをめぐらせながら、たくさんのことに気付きました。父からは多くのものを受け取りました。でも、私は自由に自分の人生を楽しみたいんです」

そのときドアをノックする音がした。注文したコーヒーが運ばれてきた。スタッフがコーヒーカップを置くわずかなあいだも、私は迷っていた。口の中にとどまりつづけている質問、自分をここまで連れてきたその質問を、今、してもいいものだろうか？

コーヒーが注がれると、部屋じゅうに香りが広がった。視線を移すと、向かいに座るソユンと目が合った。その瞬間、さっきまでの迷いも忘れて、何のフィルターも通さない、ただ一つの質問を口にしていた。

「どうすればお金持ちになれるのでしょうか？」

答える代わりに、ソユンは静かにコーヒーカップを手に持った。ゴールドとピンクのバラが描かれているカップを両手で覆い、ゆったりと香りをかぐと、やわらかなほほえみを浮かべながらコーヒーを口にした。その瞬間、カップのバラがぱっと開いたように見えた。

コーヒーを飲んだ彼女が顔を上げる。私は息を凝らした。

「答えは、**ハビング〈Having〉**です」

4 ハビング〈Having〉

ソユンは、単語の一つひとつに力を込めながら、歯切れよく言った。

「〝今もっている〟ということを感じること。英語の単語そのままの意味です」

ひょっとしたら禅問答なのだろうか？　答えを見つけるまで、何の関係もなさそうな質問に答えつづけていくような。返答に詰まる質問が出てきたらどうしよう？

ソユンは静かに窓の外を眺めた。彼女の視線の先に目を向けると、華やかなビロードのカーテンの後ろに濃いコバルトブルーの湖が見えた。その風景をじっと見つめていたソユンが口を開いた。

「世の中には、じつにたくさんのお金があります。水に手を浸すと気持ちよさを感じられるように、私たちはいくらでもお金を享受し、豊かさを感じ取ることができるのです。それが**ハビング〈Having〉**、私たちの内なる力です。**ハビング〈Having〉**を使えば、より多くの富に向かって自然に流れていけるようになります」

簡単には理解できないことばかりだった。少し呼吸を整えてから、問題のその単語に注目してみた。

「では**ハビング〈Having〉**とは何なのでしょう?」

ソユンはふたたび静かにコーヒーを飲んだ。しばしの沈黙が不思議な余韻を残す。コーヒーカップを置いた彼女が、今度は何かを指さした。テーブルの上の携帯電話だった。

「これはいつ買われましたか？」

「一年くらい経つと思います。新製品だと言われて買った覚えがあります」

質問に面食らったが、素直に答えた。

「では、一年前に戻ってみましょうか。それを買ったとき、どんなふうに感じましたか」

そうだ、この携帯。当時、いちばん高価な新製品だったはず。これを買ったことで、どれほどイライラさせられたことか……。正直に言うと、最初に見たときは心惹かれた。これを使えばスマートに仕事をこなせそうで、かっこいいキャリアウーマンに見えそうな気がした。一方でこんなふうにも思った〈こんな高いもの、買っていいんだろうか。べつにもう少し安いのでも問題ないのに……〉。ずいぶん悩んだ末に、クレジットカードで購入した。それも六回払いで。レシートが出てくる音に、気持ちがぐらついた。

〈使いすぎかな……これって失敗じゃないわよね〉

その後、カードの請求書が届くたびに自分を責めた。無駄なお金を使ったような気がしたからだ。

「まず、いったいいくらするのだろうと思いました。高すぎるんじゃないかと悩み、買っていいものか迷いました。いざ買ったあとは、自責の念にさいなまれました」

「そんなにポジティブな感情ではなかったようですね」

「そうなんです。愉快な気分ではありませんでした。なんとか自分を納得させようとしましたが、ずっともやもやしていました」

ソユンが澄んだ声で言った。

「**ハビング〈Having〉**は、お金を使うその瞬間に、それを〝持っている〟ことを〝十分にたっぷりと〟感じることなのです。どうしたらお金持ちになれるかと質問されましたよね？　答えはいくつかあると思いますが、これはお金持ちになる最も簡単で効率的な方法なのです」

質問したいことは山ほどあった。物を買えば、お金が出ていくのではないか？　欲しいものを我慢しなければ、お金は残らないのでは……？　お金を使いながら、同時にそれが〝ある〟ことを感じるなんて、二兎を追えという話にしか聞こえなかった。

混乱している私を見て、ソユンはやさしく教えてくれた。

「では、ホンさんが月に一〇万ドル〈約一〇〇〇万円〉稼ぐと想像してみてください。そして今日、あらためてこの携帯電話を買うとしましょう。今回も気分は同じですか？」


目を閉じて、大金が入っている通帳を思い浮かべた。その瞬間、ビリッとするような快感が全身を駆けぬける気がした。口元には自然と笑みがこぼれた。しばらくしてからもう一度携帯電話を見たとき、私は驚かずにいられなかった。一八〇度、感じ方が違っていたのだ！　高価にしか見えなかった携帯電話が、少しもそんなふうに見えなかった。

〈こんなのはまるで負担にならないわ。喜んで買ってもかまわない。十分にお金があるんだもの〉

そこまで考えると、すばやく答えた。

「想像するだけで気分がよくなりますね。ハビング〈Having〉の感覚というのは、こんな感じなのでしょうか」

「どんなふうに感じるか、話してみてください」

ソユンが目を輝かせ、ぐっと身を乗りだした。あなたの話すことがこの世でいちばん大切だという表情で。

「お給料がたっぷり入ると想像したら、携帯電話を買うのが楽しく感じられました。お金はこれからも入ってくるので、心配はいらないし……。携帯電話を持つことが、お金があることの証明だと思ったら、逆にワクワクしてきました」

ソユンが明るく笑いながら、力強く言った。

「それです。ワクワクするという感覚！　欲しいものと交換するだけのお金をもっているというのは、本当にワクワクする感覚なんですよ」

新聞記者時代には、経営者やお金持ちにインタビューする機会が多かった。「どうやってお金持ちになったのか」という質問に、彼らはありきたりの答えしか聞かせてくれなかった。「運がよかった」とか、「チャンスをうまくつかんだ」とか、「いい人たちに出会ったおかげ」などと言って。雲をつかむような話に聞こえるときもあったし、大事なことを隠されている気がすることもあった。しかも、質問者の私に意識を集中しているようにも感じられなかった。

でもソユンは、その誰とも違っていた。まるで「私だけのグル」であるかのように、全身全霊を尽くして話を聞いてくれた。私の気持ちをすくいとりながら、丁寧に質問を選び、私がうまくついてこられるように最大限に気を配ってくれた。お金持ちたちがあれほどソユンに従う理由もそこにあるのだろうか？

5　ハビング〈Having〉の秘密

「**ハビング〈Having〉**の実践の仕方を具体的にうかがえますか。お金があると想像して、その気分を感じることなのでしょうか。それとも、財布の中のお金をありがたく感じることでしょうか？」

両ひじをかかえたまま、ソユンは身を乗り出した。

「ホンさん、私たちが感じたり集中したりすべきなのは、まさに〝この瞬間〟です。**ハビング〈Having〉**は、今、ここから、出発しなくてはなりません。現在、自分にあるお金を対象にするのです。未来形ではなく、現在進行形ということです」

続けてソユンが質問した。

「今ご自分の手元にあるものを、ちょっと眺めてみてください。コーヒー、携帯電話、バッグ、ノートパソコン……。あなたはこれらをどうやって自分のものにしたのでしょう？」

「お金を払って……えっと……ちょっと考えてみます」

ハビング〈Having〉とは、お金があることを感じ、その感覚にとどまることだと言われた。それでここにあるのは……？

「そうか！　お金があったから買ったんですね。これを買うお金があったからです！」

「そうです、今飲んでいるコーヒーを買えるだけの十分なお金を持っている。今、この瞬間に」

手に持っていたコーヒーカップをじっと見つめた。高級なカップに注がれた一杯のコーヒー。ホテルのコーヒーだから、けっこうな値段だろう。一杯一〇ドルくらい？

それでも今、私はこれを注文できる。それも、自分で稼いだお金で。考えるだけでワクワクしてきた。この高価なコーヒーが、お金が〝ある〟ことの象徴のように見えてきたのだ。そのとたん、重苦しい不安は爽快な喜びに変わった。

「お話をうかがっているだけでワクワクしてきます。突然、金銭的に豊かになったみたいで。自分自身がいとおしく思えます」

ソユンがほほえんだ。

「ええ、今まさに**ハビング〈Having〉**を実践しているからですよ」

驚かずにいられなかった。どうして今まで、このように感じられなかったのだろう？　振り返ってみれば、お金を使うときはいつも、似たような気分にとらわれていた。高い、お金がもったいない、買っていいのかわからない、買ってもいいんだろうか？　買うだけのお金がない。

お金に対してネガティブな感情を持っていた私自身を振り返るあいだ、ソユンはやさしいまなざしで見守ってくれていた。どんなことがあっても私を守ってくれそうな目だった。世界一丈夫な傘をさしているような気分だった。

「では、お金が〝ある〟ことにフォーカスして、ホンさんが持っているものをもう一度、見回してください」

自分のバッグ、服、ノートパソコン、化粧品などを眺めた。ソユンとちょっと言葉を交わしただけなのに、以前と変わったことは何もないのに、不思議なほど感じ方が違っていた。同じものが、今では豊かさのシンボルに見え始めたのだ。

〈喜びと感謝の気持ちを全身で感じる。これこそが**ハビング〈Having〉**の感覚なんだ!〉

〝ない〟から〝ある〟に焦点を移すと、私の目の前にはまったく違う世界が広がっていた。

「同じものなのに、まったく違って見えますね！」

励ますかのようにやわらかくほほえみながら、ソユンが説明を続けた。

「電気のスイッチを入れると考えてみてください。これまで消費するたびに〝ない〟というスイッチを入れていたのです。その結果、ネガティブな感情に陥るしかなかった。〝ある〟という感覚が入り込むスペースもありませんでした。一方、**ハビング〈Having〉**のスイッチを入れると、それに見合ったポジティブな感情が自然と立ち現れます。この差がもたらす変化を知ったら、驚かずにはいられないでしょう」

私はソユンの説明にさらに耳を傾けた。

「私たちは、世の中のどんなものも、あるがままに認識することはできません。注意を傾けるものに応じて世の中を認識するのです。何か欲しいと思ったことがありますよね？　たとえば、白いスニーカーが欲しいと思っています。すると突然、どこに行っても白いスニーカーばかり目に入ってきます。同じように〝ある〟に注意を傾ければ、〝ない〟という世界から〝ある〟という世界に、ホンさんを取り巻く世界は違って見えてくるでしょう。その感情のバイブレーションがホンさんの世界を変えていくのです」

鋭い分析だった。つねに生活に余裕がないように感じていた理由がそこにあった。〝ない〟というレンズを通して世の中を見ていたせいだった。考えてみれば、私だけがそうなのではない。職場の同僚や友人もいつも同じ愚痴を言っていたから。

共働きの同僚もその一人。都心のマンションに暮らし、二人の子どもを私立幼稚園に通わせる彼は、どこから見ても立派な中流階級だった。それなのに、彼はつねにお金がないと嘆いていた。

「幼稚園の費用、ベビーシッターの給料、税金に保険料まで払ったら、何も残らないよ。二人で稼いだって関係ない。給料なんて、たちまちどこかに消えていくんだから……」

また別の友人の夫は、稼ぎがいいことで有名な弁護士だった。私たちは彼女がうらやましくてしかたないのに、本人は不安だと言うのだ。

「周囲が金持ちだらけなの。誰々は豪華な別荘を買ったとか、誰々は数億ウォンの車に決めたとか。飛行機のファーストクラスで遊びに行く友達もいてね……。彼女たちを見ると、自分だけお金がない気がしてくるのよ」

ひょっとすると、世の中が私たちに〝足りない〟と洗脳しているのではないか？新聞を読めば、経済危機はすぐ目の前。ＳＮＳにはありとあらゆるブランドのバッグやおしゃれな家や高級スポーツカーの写真ばかり。どこを見回しても、こう叫ばれているようだ。

「あなたにはお金がない！」

自分がきちんと理解しているのか確かめたくて、もう一度ソユンに尋ねてみた。

「〝ない〟から〝ある〟というレンズに替えることが、**ハビング〈Having〉**なのでしょうか？」

「そうです。じつは、レンズを替えるのはそう簡単ではありません。これまで生きてきてくるなかでガチガチに凝り固まった固定観念や認識を変えるという作業は、そんなに簡単ではないのです。ですが**ハビング〈Having〉**は、今すぐにできる方法です。小さなことから始められるうえに、最も早く、最も効率よくそのレンズを替えることができるのです。毎日、お金を使うたびに**ハビング〈Having〉**を実践し、その感覚を見つめて、そのときの感情を少しずつ育てていけばいいだけです」

＞＞ グルの言葉

・私たちが感じたり集中すべきなのは、まさに〝この瞬間〟です。ハビング〈Having〉は、今、ここから出発しなくてはなりません。未来形ではなく、現在進行形ということです

・ハビング〈Having〉は、私たちのレンズを〝ない〟から〝ある〟に替える方法です

・〝ある〟に注意を傾ければ、〝ない〟の世界から〝ある〟の世界に、あなたを取り巻く世界は違って見えてくるでしょう

ケーススタディ——ハビング〈Having〉でピンチを脱した事業家

ある事業家が血の気を失った顔でグルのソユンのもとを訪ねてきた。新たな技術に三〇〇万ドルを投資したが、開発の遅れで問題が生じたという。

「大変なことになりました。会社の資金はもうじき底をつきます。今月の給料も支払えるかわかりません。これで不渡りでも出したらどうすればいいんでしょう？　一文無しになりそうで、不安で夜も眠れません」

そう話す事業家を落ち着かせると、ソユンはやさしく言った。

「今後三年間、不渡りを出すという運勢はありません。むしろ来年の下半期には、大きく利益を出す方向へと必ず流れが反転します。本来、大きなお金が入ってくる直前は、お金の流れがわずかになり、滞ることがあるのです。ボトルネック現象のように。ただ、多くの人が不安や怖れから、その時期に、お金が入ってくる入り口をふさいでしまい、大きな流れに乗れないのです。当面は望ましくないことが起こるかもしれませんが、**ハビング〈Having〉**を実践しながら、この時期をうまく乗り切ることによって、一年後には、今思っている以上の大金を手にすることでしょう」

翌朝、事業家は鏡を見てこう言った。

「今日を耐えしのぐ資金があるのは幸いだ。お金があることを感じながら、がんばって仕事をしよう」

給料日にはこうつぶやいた。

「社員に給料を支払っても会社を経営するだけのお金が残っている。じつにありがたいことだ」

あることに集中すると、いくつもの小さな幸運が訪れ始めた。ロイヤリティが少しずつ入りだし、会社は数週間、さらには数カ月持ちこたえた。**ハビング〈Having〉**への確信を抱いた事業家は技術開発に専念し、取引先も一つずつ増やしていった。

一年後、事業家がソユンのもとをふたたび訪れた。お礼のディナーに招待しながら、こう言った。

「言われたとおりに〝ある〟ことに集中したら、驚くようなことが起こりました。

開発した技術が海外で売れ、大きな利益を上げたのです。本当にありがとうございました！」

6　誰でもお金持ちになれる

「誰でも**ハビング〈Having〉**を実践できるということは……それによって誰でもお金持ちになれるということでしょうか？」

本当に気になっていたのはそこではなかった。**ハビング〈Having〉**を実践すれば、私もお金持ちになれるということなのか？　そわそわした私の様子に、私が何を知りたがっているのか、ソユンもピンときたようだった。そして、あたたかい視線を私に向けながらこう言った。

「この三〇年間の一〇万人のデータを時系列で分析しました。お金持ちから貧しい人まで、すべてです。そのうち何の財産もなく生まれて、自力で富を成した人たちに注目しました。データを分析した結果、高いＩＱや特別な才能、優れたクリエイティビティに恵まれた人はごく少数にすぎませんでした」

大学時代の社会学の授業を思い出した。質的研究に関する講義だった。質的研究というのは、数値化しにくい資料をリストや観察によって分析し、結論を導きだす研究方法だ。それぞれの事例を個別に把握したあと、それをまとめる。質的研究の成否は研究者の腕にかかっている。コミュニケーションや共感能力がなくては良質な情報を得ることができず、優れた洞察力がなければデータをまとめるときに大きなスケッチを描くことができない。

それに比べて、量的研究はアンケートや統計の分析を使って仮説を検証するという研究方法だ。これまで数十年間、お金持ちを研究してきた学者たちが使ってきたのもこの手法だ。だが、アンケートと統計だけでは秘密を突き止めるのに限界があった。これまで実施された調査の大部分が失敗に終わっているのも、そうした理由からだった。
富の秘密を明らかにするためにソユンが使ったのは、質的研究だった。今ならわかる。誰も成功しなかったその研究をソユンがやり遂げた秘密を。調査力だけでなく共感力や洞察力まで、研究に必要なあらゆるスキルを彼女は備えていたからだ。
ソユンは落ち着いて説明を続けた。

「結論から言えば、ほとんどの人は三〇〇〇万ドル〈約三億円〉から七〇〇〇万ドル〈約七億円〉の財産に恵まれる運をもっています。もちろん、すべての人がビル・ゲイツのようなスーパーリッチになれるとは思いません。ですが、誰でも愛される資格があるように、誰もがお金持ちになる資格を持って生まれたということだけは、まぎれもない事実なのです」

三〇〇〇万ドルから七〇〇〇万ドル！　思わず口があんぐりと開いてしまった。生活費に教育費、税金や利子を支払っても、まだまだ余裕の額だ。例外はないというのだから……私もお金持ちになれるということだろうか？

そんなふうにゆとりがあったら、どんな人生を送れるだろう？　まずは住んでみたかったエリアに家を買い、数年前から欲しかった車も買おう。子どもがやりたがっていることや、いいと言われている教育をすべて受けさせて、どこに行っても見劣りしない服やバッグを買おう。今度の休暇は南太平洋の島に行ってみようか？　ファーストクラスにも乗れるだろう。そうそう、自分だけいい思いをするのではなく、定期的に寄付もしなくては。

考えれば考えるほど、夢が限りなく膨れあがった。一方では、新しいエネルギーが全身に広がっていくようだった。まさに希望の光だ。

若いころは、特別な人生を生きたいと思っていた。両親のように平凡に生きたくはなかったのだ。一〇代のころは、将来の夢が日々変わった。ある日は弁護士、別の日には医者になりたかった。そんなある日、テレビで湾岸戦争を取材するＣＮＮの記者を見て、将来の夢が決まった。「これだ！　私も記者になりたい」。心が躍った。

大学卒業後、私は新聞社に就職した。ある意味で、二〇代半ばで夢をかなえたことになる。新聞の一面に掲載された就職試験の合格者リストを見た瞬間、喜びで胸がはちきれそうになった。でもそこでおしまいだった。それ以後は、希望にときめいたことなどなかったのだ。

記者になり、社会の隅々まで知れば知るほど、絶望ばかりが大きくなっていった。私が目にした世の中はどこもかしこも不公平だった。相続した財産がなければお金持ちになるのは難しかった。貧しい人がますます貧しくなるあいだに、富を築くのは少数のお金持ちだけ。早々と世の中を知りすぎたのだろうか。あるときから心臓が凍りついたようになってしまった。「特別な人生を生きたい」という夢など、とっくの昔に忘れていた。

それでも、ソユンはこう言った。お金持ちになれるのだと。それは生まれもった権利なのだと。そう聞いた瞬間、心の中に希望が湧いてくるような気がした。心臓がドクンドクンと鳴る音もふたたび聞こえてきた。

そのとき、社会から疎外された人々を取材したときのことをふと思い出した。すると希望に膨れあがっていた胸はぎくりとして、またも不安になっていった。

彼らを助けるために記事を書き、寄付金を募ったこともあった。でも、私にできるのはそれだけだった。世の中の財貨には限りがある。みんながみんな大金を手にするのは不可能だろう。誰もがお金持ちになれると言うわりに、なぜ全員がお金持ちになれないのか？

私は目の前にいるソユンを見つめた。どんな質問でも受け止めてくれそうな目だ。

「誰もがお金持ちになれるのなら……なぜ貧しい人がこんなにも多く、お金持ちはこんなにも少ないんでしょう？　人々が貧困にあえぐ理由は何なのでしょうか」

取材したときのことを詳しく説明するあいだ、ソユンは両手の指を組んでうなずいていた。まるで人々の苦しみを感じているかのように、瞳がしっとりとぬれていた。こうした共感力がどれだけ多くの人を救ったことだろうかと、しばし思いをめぐらせた。

ようやく彼女が口を開いた。

「そうですね。世の中には貧困による苦しみが多く存在します」

一瞬、沈黙があってから、言葉が続いた。

「一つ質問です。この世に貧困という運命のもとに生まれた人は何パーセントくらいだと思いますか」

「かなり多いのではないでしょうか……三〇パーセント以上？」

すぐには答えずに、ソユンはテーブルの上のグラスをもちあげた。

「このグラスを富の器にたとえてみましょう。たとえば、ビル・ゲイツは他の人たちよりも大きな器をもっているでしょうね。ホンさんの器はそれよりは確かに小さいでしょう。では、今おっしゃった人々の器はどのくらいの大きさでしょうか？」

直観的に理解した。誰にでも生まれもった器があるという意味だ。その器をどれだけ満たすかは人によって違うのだろう。

「誰でも三〇〇万ドルから七〇〇〇万ドルは可能というお話だったので……」

慎重に推測してみた。

「貧しい人たちでも、その程度の大きさの器を持っているのではないでしょうか？」

「そうです。きちんと理解してくださいましたね。お金がない人だからといって、小さな器を持って生まれたわけではないのです。もちろん、ビル・ゲイツのように巨大な器を持って生まれた人もいるでしょう。ですが、ほとんどの人は三〇〇万ドルから七〇〇〇万ドルの財産が入る器を持っているのです。残念なことに、貧しい人たちは自分の器をいっぱいにできていません。このグラスを見てください。どんなにグラスが大きくても、水が底スレスレにしか入っていなければ、誰でも足りないと感じるでしょう。統計的には、器の四分の三を満たしていれば、誰でも豊かさや満足を感じて生きていけるのです」

「水をもっといっぱいにするには、どうすればいいのでしょうか？」

花が咲いたようにソユンがにっこり笑った。

「さまざまな方法があると思いますが、いちばん早くて効率的な手段は**ハビング〈Having〉**です。それは富を引き寄せる力です。同じ努力で、器を簡単に満たせるよう助けてくれるのです。すべては、自分が持っている感情だけで十分コントロールできます」

≫ グルの言葉

・誰でも愛される資格があるように、誰もがお金持ちになる資格を持って生まれたのです

・ハビング〈Having〉は富を引き寄せる力です。同じ努力で、器を簡単に満たせるよう助けてくれるのです。すべては、自分が持っている感情だけで十分コントロールできます

寓話――きれいな花を咲かせたね

ある人がさまざまな種類の植物を庭に植えた。一生懸命に水やりをして丹精込めて育てたものの、いつまで経っても花は咲かなかった。しおれていく木や花に庭の主は尋ねた。

「どうしてこんなふうに枯れていくんだい?」

イチョウの木が言った。

「松の木のような気高さがないからです」

松の木も力なく答えた。

「私も自信がありません。リンゴの木のように、おいしい実をつけられないんですから」

リンゴの木も負けずに口をはさんだ。

「私はひまわりのように大輪の美しい花を咲かせることができません」

そのときだった。ぐったりとした木々のあいだに、野の花が見えた。庭の主が尋ねた。

「みんな枯れていくのに、おまえだけきれいな花を咲かせたのだな。その秘訣は何だい？」

野の花はそっとほほえみながら答えた。

「私には、小さくて素朴だというよさがあります。そうした風情が人々に喜びを与えることも知っています。こんな自分の姿が愛らしくて好きです。かわいらしい花を咲かせることができて、私はとても幸せなんです」

野の花は自分自身として生きる喜びと幸せを十分に感じていた。ほかの草木がしおれていくあいだ、ひとり花を咲かせる秘訣がそこにあった。

7　不安からの抜け出し方

話を聞けば聞くほど、早く**ハビング〈Having〉**を実践してみたくなった。そわそわして落ち着かず、全身むずむずするほどだった。ところで、気になることが一つ残っていた。**ハビング〈Having〉**の効果が出るまで、どれくらい待たないといけないのだろう？　もし何年もかかるとしたら？　すぐに変化が見えなくても、こつこつと実践できるだろうか？　自信がなかった。

ほかの人の前ではそんな本音は言えなかっただろう。うっかり話したら、俗っぽくてせっかちだと思われるのではないか。でも、なぜかソユンの前では、ありのままに正直になれた。

ソユンと会話していて、心理学の授業で学んだ「無条件の肯定的関心」を思い出した。無条件の肯定的関心とは、カウンセリングのときに、相手の感情や考え方を全面的に受容する態度のことをいう。ソユンの私に対する態度がまさにそれだった。どんな評価も判断も下さずに私を受け入れ、いつも私の考えに耳を傾けてくれた。彼女がどんな人でも大切にするということを、あとになって知った。彼女の威厳やパワーがそこから生まれるということも。

後日、ソユンにこんなふうに訊いたことがあった。

「**ハビング〈Having〉**の秘密を教えてくださった理由は何でしょう？　周囲に優れ

た作家や記者、出版関係の人たちも大勢いたはずなのに……」

「人の心を動かすのは純粋な魂のエネルギーです。その人の地位や能力はまったく重要ではないのです。ホンさんは恩人に出会って大きく成長する潜在的な力をもっています。その人を信じ、心の底からついていこうとする純粋さがあるのです」


先ほどの会話に戻ろう。私の質問に対してソユンは詳しく説明してくれた。


「もちろんです、何年も待つ必要はありません。多くの人を富の道に導いた経験から見ても、それほど長くかかっていません。早ければ二週間、遅くても三カ月で**ハビング〈Having〉**の効果が現れ始めます」

「そんなに早く？」

うれしさと驚きで声がうわずった。そんなに早く効果が現れるなんて。

「生物学的に見たとき、成人の脳がそれまでのシナプスの結合を弱めて、新しいパターンをつくるのに一四日から二一日必要だと言われています。その期間に、それまでの感情との鎖を断ち切って新しい感情の神経回路網を**ハビング〈Having〉**が形成してくれるのです。その作業がすすめば、周囲に楽しい変化が訪れ始めるでしょう」

インタビューから戻り、ニューロンとシナプスについてさらに調べてみた。感覚器官で受け止めた刺激はニューロンを通して脳に伝達される。そのときニューロンとニューロンのあいだの接合を受けもつのがシナプスだ。道にたとえると、ニューロンが道路、シナプスが交差点というわけだ。たとえば、ある人がお金を使うたびに不安を感じると仮定してみよう。「お金」という情報が脳に感知されると、クリスマスのイルミネーションが一つずつともるように、ニューロンはシナプスを経てその情報を「不安」に伝達する。「同時に発火したニューロンは結合を強める」という言葉もあるように。これまで学者たちは、成長期を過ぎると神経細胞とシナプスのあいだの結合は固着すると信じてきた。ところが最近になって、新たに明らかになった事実がある。この結合は生涯にわたって変化が可能だということだ。つまり、トレーニングすれば特定の経験と結びついた私たちの感情もいくらでも変えることができるという話なのだ。

最新の脳研究まで参考にすると、驚くべき結論が出た。ハビング〈Having〉を実

践しつづければ、お金を使う瞬間に、「不安」の代わりに「ある」ということが感じられるのだ！

ソユンも言っていたではないか。脳のパターンを変え、不安から抜け出す方法こそが**ハビング〈Having〉**なのだと。そうすれば、うんざりするようなお金の心配からも抜け出せるだろう。思っているよりも早くお金持ちになれるかもしれない。考えれば考えるほど、早く**ハビング〈Having〉**を実践してみたくなった。

知らないうちにワクワクした表情になっていたのか、ソユンがやわらかな声で問いかけてきた。

「『成功する人のシンプルな法則』〈ホアキム・デ・ポサダ、エレム・シンガー著〉という本に出てくる、マシュマロの話はご存じですよね？」

「ええ、知っています。今日、与えられたマシュマロをすぐに食べずに我慢すれば、あとからさらに大きなものが手に入るという内容ですよね」

「それについてどう思いますか？」

「読んでみてちょっと疑問に思ったんです。よいことの前には必ず我慢が必要だという話のようで」

「一つ秘密を教えてあげましょう。今やりたいことを我慢する必要はないのです。マシュマロは一日に一つではないからです」

ソユンの声には人を引き込む力があった。

「私たちはマシュマロの数を増やす力をもっています。今日与えられた一つに感謝し、喜び楽しむなら、明日はその数を倍に増やすことができるのです」

「では、成功するためには必ずしも忍耐は必要ないとおっしゃるのでしょうか？」

「ええ、そうです。それほど長い時間はかからないでしょう」

≫ グルの言葉

・早ければ二週間、遅くても三カ月でハビング〈Having〉の効

果が現れ始めます
・今やりたいことを我慢する必要はないのです。マシュマロは一日に一つではないからです

8 浪費と誇示

「化粧品会社のマーケティング課長をしている友人がいます。明日などないかのように消費する友達です。カードの支払いに追われてうんざりしているくせに、中毒のようにお金を使いつづけるんです。バッグに洋服、靴なんかをひっきりなしに買い込んだり、給料よりも高いハンドバッグを買ってきたり。しかも、借金までして高級車を買ったそうなんです。この友人のようにどんどんお金を使っても、お金持ちになれるのでしょうか？」

本当に質問したかったのは、ハビング〈Having〉と浪費の違いは何なのか、ということだった。喜びを感じるなら、どんどんお金を使ってもお金持ちになれるのだろうか？　もしそうだとしたら、ちょっと不公平な気がしたからだ。

私の問いに、ソユンが鋭く質問を投げかけた。

「でもそのお友だちは、その過程で、感じたくもない不安を経験したでしょうね」

「そうなんです。もう十分と言いながら、また高価なものを買うんです。カードの支払いが怖ろしいと不満をこぼすだけで」

ソユンは体をまっすぐに起こすと、きっぱり指摘した。

「それはハビング〈Having〉ではありません」

勢いに押されて、私の声は自然と小さくなった。

「喜んでお金を使うのは似ていると思うんですが……ハビング〈Having〉と違う点は何なのでしょう？」

「では、残りの人生があと二四時間しかないと仮定してみましょう。そうしたら手元のお金はどうしますか？」

「取っておく理由がないので、すべて使い切ると思います」

「さきほどの会話を思い出してみてください。年俸が大幅にアップすると知って消費するときの気持ちと、人生がもうほとんど残されていないと考えたときの気分は同じですか？」

目をつぶったまま、イメージしてみた。年俸一〇〇万ドル〈約一億円〉。やりたいこと、欲しいもの、すべてにお金を使っても、まだまだ余る金額だ。何も食べなくてもお腹が満たされているのと同じだった。必要な物の前でためらうことなくカードを差し出す自分の姿を思い描くと、空を飛ぶように心が浮き立った。

反対に、明日がないと想像してみた。お金を使うことがちっとも幸せに思えなかった。高級レストランでおいしい料理を食べたところで、まったく楽しくないだろう。不安で味も感じないはずだ。お金をじゃんじゃん使うとしたら、それは不安や怖れを払拭するための行為だろう。あるいは人生を諦めてのことかもしれなかった。

頭に浮かんだことを話すと、ソユンがうなずいた。

「それこそが**ハビング〈Having〉**と浪費の違いです」

小さな無駄遣いの記憶が思い出された。同窓の集まりに行ったとき、友達が履いていたジーンズに一目ぼれしたことがあった。洗練されていて、おしゃれで、どうしても自分に必要なものに思えた。すぐさまデパートに駆けつけ、同じ商品を買った。それも二〇万ウォンも出して！

その友達の夫は、投資銀行に勤めていて、高額年俸者と噂される人だ。おかげで友達の暮らしぶりにも余裕があるようだった。毎回、新しいブランドもののバッグを持って現れ、学校の長期休暇には子どもたちと海外に出かけていた。そんな彼女と同じ服を買えば、私もそうなれると思ったのだろうか？　それともただ、お金を気にせず生きてみたかったのか？　私のスタイルではなかったジーンズは、結局、後悔だけを残した。クローゼットに放り込んだまま、それから一度も履くことはなかった。

まだ十分使えるソファテーブルを買い替えたこともある。私の基準で「裕福な」友人たちがうちに遊びにきたからだった。友達が来ると思うと、わが家の古いテーブルがみすぼらしく見えた。結局、友達がそのときだけ使うテーブルのために、誰も気にも留めないそのテーブルのために、私は何カ月もカードの支払いにあくせくし、節約して暮らさなければならなかった。

私の告白を聞いてソユンが静かにうなずいた。あなただけではないという意味に思えた。そして、低い声でこう付け加えた。

「自分を喜ばせるために買ったものではなかったようですね」

はっと我に返った。私が浪費していた理由はそこにあったのだ。他人が何を買うか、他人からどう見られるか、そんなことばかり気にしていたのだ。

「おっしゃるとおりですね。思い返してみると、嫉妬や不安、他人の目にふりまわされていたような気がします。お金を使ったあとは、気分がよくなるどころか、さらに落ち込んでいましたから」

「私たちの体にたとえてみましょうか。医師や自然療法のセラピストたちは、人には自己治癒力があると言っています。体に必要な栄養も、適当な量だけ欲するようになっているそうです」

「そういえば、疲れたときに塩分が欲しくなるのも、お酒を飲んだあとに栄養補給しようと卵が食べたくなるのも、似たような理屈ですね」

「それです。体が何を求めているかに注意を向ければ、自分に必要な食べ物の種類だけでなく、胃腸の大きさまでわかるようになります。食べ過ぎも避けることができるので、ますます健康になるでしょう。消費も同じことなのです。自分が本当に欲しいものを求めていけば、浪費や、人にひけらかすための消費からは自然と遠ざかります。

波に乗るように、自然と富の流れに乗るようになるのです。オールを漕ぐこともなく、ただボートに乗ったままで、波の上に浮かんでいるだけでいいのです」

最後は、ソユンのあたたかいアドバイスでインタビューの初日が締めくくられた。

「人生とは、自分の中のいくつもの〝自分〟を見つけ、一つにしていく旅なのです。ホンさんはつまるところ、自分自身にならなくてはいけないのです。人は自分らしくいるとき、自分を幸せにする内なるパワーを発見します。**ハビング〈Having〉**はそのための最も早くて簡単な方法なのです」

窓の外から差し込む日差しが長くなっていた。インタビューを始めてすでに数時間が経っていた。ソユンに見送られて外に出ると、空が一面、真っ赤に染まっていた。

対話の余韻を味わいたくて、湖のほとりに歩いていった。生まれ変わったような気分だった。ソユンに再会してわずか数時間しか経っていないというのに……。一方で、精神的にも成長したような気がしていた。こんな感情はいったいいつ以来だろう？

その瞬間、ある予感がした。**ハビング〈Having〉**を学ぶ過程は、本当の自分自身を探す旅になるだろう。この道を行けば大きく成長できるはずだ。そして、きっと欲しかった富を手に入れるに違いない。

グルの言葉

・自分が本当に欲しいものを求めていけば、浪費や、人にひけらかすための消費からは自然と遠ざかります。波に乗るように、自然と富の流れに乗るようになるのです。オールを漕ぐこともなく、ただボートに乗ったままで、波の上に浮かんでいるだけでいいのです

・人生とは、自分の中のいくつもの〝自分〟を見つけ、一つにしていく旅なのです。私たちはつまるところ、自分自身にならなく

てはいけないのです。人は自分らしくいるとき、自分を幸せにする内なるパワーを発見します

グルのストーリー――グルへの道

ソユンは、あらゆる面において非凡な子どもだった。二、三歳でハングルと算数を理解し、さらに成長すると、大人向けの古典を読みふけり、哲学的な問いに夢中になった。周囲の大人たちが驚くのも当然のことだった。

そんななか、深く感銘を受けた本が、六歳のときに読んだカフカの『変身』だった。人生の主人公として生きることができず、悲惨に死んでいく主人公の生きざまに、ぎくりとさせられたのだ。まわりを見渡すと、大人たちが生きる姿もたいして変わらないように思えた。母親からして、家族と社会のものさしに縛られ、望むようには生きてはいなかった。人生の主人公として生きることと、存在の不

安をなだめること。彼女が深く読み込んでいったテーマだった。

ソユンのずば抜けた面はそれだけではなかった。人々の心に共感し、痛みを癒す力があった。幼いころから、他人の苦しみや痛みをそのまま感じていたのだ。ここでソユンが伝えてくる共感とは、単純な慰めではなかった。完全に己を消しさって、相手の苦しみを共に感じて、彼らの心まで抱きとめるのだった。

そのころ、つらい思いをしている大人を癒やすために、ソユンはたびたび童話を書いた。障害をもつ子どもがいる乳母には、おばあさんが病気の息子と幸せに暮らす物語を、姑とうまくいっていなかった母親には、シンデレラが王妃と対決するストーリーを聞かせた。ソユンの話を聞いて大人たちは癒やされた。

しかし、孫を教育するという祖母の意思に、母親は強く反対せざるをえなかった。他人をお金持ちにしてあげる運命だなんて、体の弱い娘には荷が重すぎるように思えたからだ。さらに言えば、漢字で書かれた古典など、大人でも読むのに一苦労だ。それでもソユンは祖母から教わる勉強が楽しかった。数千年前に書かれた本を読みふけりながら、その中に隠された意味を一つずつ学んでいった。

「天に不測の風雲あり、人に朝夕の禍福あり〈天有不測之風雨、人有朝夕之禍

福〉」

そんな句がソユンの胸に響いた。

瞑想を始めたのも六歳のころ。祖母とお寺に行ったとき、瞑想が心の学びによいと聞き、一〇〇日間続けてみようと決心した。だが、小さな子どもにとって瞑想はやさしいことではなかった。とにかく正座して、まずは目を閉じたが、しばらくたってても何を考えればいいのかわからなかった。

心の修行に没頭しすぎたせいだろうか？　一晩中、高熱にうなされた日があった。朝になると熱は下がり、ひどく喉が渇いていた。枕元には乳母が持ってきた冷たい麦茶があった。それを一口に飲みほしたとたん、ソユンの目の前に新しい世界が広がった。

お茶の味と香りが、体の隅々まで伝わるような気がした。麦茶は数えきれないほど飲んできたが、きちんと味わったのはその日が初めてだったのだろう。まもなく気づきも訪れた。いまこの瞬間にとどまれば、この世のすべてが変わる！

次の日になった。朝の瞑想を終えたソユンはゆっくりと目を開き、静かに息を吸い込んだ。新鮮な空気が鼻の中に入ってきて、全身へと広がった。そして静か……………………………………

に振り返り、部屋中にあるものを見回した。すべてが、昨日とは違って見える。彼女は完全に〝今、ここ〟にとどまっていたのだ。

それでも、幼いソユンが気づけなかったことが一つだけあった。その日は、彼女がグルとしての運命を生きた最初の日だったのだ。

Part Ⅱ

お金を引き寄せる人 vs. お金を遠ざける人

9 ヴェローナの日差し

イタリア、ヴェローナのブラ広場。『ロミオとジュリエット』の舞台になったロマンチックな街の真ん中に立ち、私はソユンを待っていた。一人ひとりが全員主人公のような、まるで一つの舞台のような広場。旅行者たちは軽快な足どりで、その舞台を自由に楽しんでいる。

前日のインタビューは、まるで魔法のような時間だった。ソユンは卓越した洞察力と強力なエネルギーで私をとりこにした。数時間がどうすぎたのかわからないくらい、私は完全に対話にのめりこんでいた。心の片隅には新たな感情が芽生えていた。それは希望だった。父との約束、幸せなお金持ちになれるのだという希望が生まれて、驚くことに世の中が以前とは違って見え始めた。

ひとしきり夕立が降ったのだろうか。広場の地面が雨で濡れていた。すっきりと晴れ上がった空は青く澄み、輝いていた。ローマ時代の円形闘技場の上から日差しが降り注ぎ、水気を含んだ地面に反射する。銀色の魚が跳ねるみたいに、広場全体がキラキラしていた。私はつま先立ちになり、今日の太陽を思う存分味わっていた。光合成をする小さな木にでもなったかのように。今日、ソユンに会ったら、またどんな希望を抱くことになるのだろう。

そう考えただけで自然と鼻歌を口ずさんでいた。中学のときに習ったイタリア歌曲、『オー・ソレ・ミオ』だった。

なんと美しい太陽だろう
嵐は過ぎ、空は晴れ
さわやかな風に、まるで祭りのように日差しがさしてきた
その太陽よりも美しい君の瞳
私の太陽よ、それは輝く瞳

「今日を楽しんでいらっしゃる姿を見ると、私もうれしくなります」

ブラウン系のサングラス、ベビーピンクの口紅、ピーチカラーのノースリーブのワンピース姿のソユンが、軽快な足どりで近づいてきた。

「もう**ハビング**〈**Having**〉を実践していらっしゃいますね」

「えっ？　**ハビング**〈**Having**〉ですか？」

ハビング〈**Having**〉、私の心臓に深く食い込んだ、あの単語だ。でも、すでに私が実践しているというのはどういうことなのだろう。今はお金を使っているわけではないのに。

「この広場の光景と日差しの祝福を、今、体と心でそっくり味わっていらっしゃるじゃないですか。その喜びが私にも伝わってくるのです。今この瞬間を生きること、それが**ハビング**〈**Having**〉の第一歩です」

「今、私が**ハビング**〈**Having**〉をしているのなら、思っているよりずっと簡単ですね」

話だけ聞いていたときは難しいだろうと思っていたことが、より明確に私の日常に入りこんできたようだった。

私たちはバニラジェラートをそれぞれ手に持って、ゆっくりと歩きだした。『ローマの休日』に出てくるオードリー・ヘップバーンのように。靴が地面にぶつかるたび、小太鼓を叩くような軽快な音がした。リズミカルなその音にすっかり気分が浮き立った。甘いジェラードが口の中にさっと広がると、全身が溶けていくような感じがした。こんなに素敵な日なのだから、いくらでも存分に楽しむことができる。

前日のソユンとの会話が思い出された。

「こんなにたくさんの人が太陽の日差しを浴びているのに、それでも太陽のエネルギーは無限に注がれるのですね。私はこれまで太陽に背を向けていて、エネルギーを感じられなかったみたいです。同じように、富のエネルギーもどこかで豊富に注がれているのでしょうね」

「ええ、太陽は私たちが背を向けているその瞬間にも、いつもその場所にあります。方向さえ変えれば、いつでもあたたかい日の光を浴びることができます」

オペラの上演で有名な円形闘技場の近くにいるせいだろうか。それとも希望に満ちたメッセージがありがたかったからだろうか。ソユンの声が音楽のように感じられた。そのとき、歩いていたソユンが道の真ん中で突然、足を止めた。彼女の視線の先を見ると、中折れハットをかぶった路上の楽師が目に入った。ギターをつまびき足を踏み鳴らしてイタリア民謡を歌う男性。彼を見て、ソユンは明るく笑っていた。陽気な演奏が終わると、彼女は惜しみなく拍手を送り、ギターケースにずいぶんとたくさんのチップを入れた。彼女も今、**ハビング〈Having〉**をしているのだろうか。

もし私一人でここに来ていたらどうだっただろう。おそらくこう考えただろう。どこに行こうか、今回かかったお金を考えればもう少し急いであちこち見て回るほうがいいのではないのか、休暇もあと数日しか残っていない、戻ったら何から片づけたらいいんだろう……。そんなどうでもいいことばかり考えて不安と心配にかられ、ただ時間だけを無駄にしていたに違いない。でも、**ハビング〈Having〉**を学んでからは、日差しに体を向けられるようになった。方向さえ変えれば、いくらでもあたたかな日差しを満喫できるのに……こんなに簡単なことをどうして知らなかったのだろう。

このエリアではかなり有名らしいレストランに席を取ると、私はソユンに尋ねてみた。

「さっき見て思ったのですが、日常の中でも**ハビング〈Having〉**をやっていらっしゃるようですね。私も今すぐ**ハビング〈Having〉**を実践するにはどうしたらいいのでしょうか」

≫ グルの言葉

・今この瞬間を生きること、それが**ハビング〈Having〉**の第一歩です

・太陽はいつでもその場所にあります。私たちが背を向けているその瞬間にも。方向さえ変えれば、私たちは、いくらでもあたたかい日の光を浴びることができます

10　本物のお金持ち

オーダーしたTボーンステーキが運ばれてきた。肉の上で脂がジュージューと跳ねて躍っている。おいしそうな料理を前にして、食欲が湧いてきた。

ソユンがフォークとナイフを手にとりながら言った。

「このステーキの味と香り、食感まで十分に感じてみてくださいね。生まれて初めてステーキを食べるような気分で」

一切れ口に運んだ。塩コショウがほどよく効いた肉が、口の中でやわらかく噛みしだかれる。「うーん、おいしい」。思わず感動して声が出てしまった。私はソユンに言われたとおり、目をつむってその味をゆっくりと味わうと、ごくりと飲み込んだ。

「とてもおいしいですね！　だけど、おいしいという感覚以外は……よくわからなくて」

「ハビング〈Having〉のスタートとしては十分です。今この瞬間、味に完全に集中して、楽しく食べる行為に夢中になる。それが今を百パーセント生きるという感覚です」

ソユンが大きく目を見開き、親指を立てた。

褒めそやされて、よちよち歩きに初めて成功した子どもみたいな気分になった。何かすごいことをやり遂げたかのように心が満たされた。せっかくなのでもっと先に進みたくなった。すぐにもう一切れを口に入れて、ステーキの味に集中してみた。〈とってもおいしい！　イタリアまで飛んできてこんなお料理を食べることができるなんて、ほんとうに幸せ。お金持ちになったみたいだわ！〉。

始めたばかりのせいか、ハビング〈Having〉をやることにはまだ慣れなかった。でも難しいとは思わなかった。その瞬間の喜びにとどまって、その感覚を楽しむこと、それが**ハビング〈Having〉**のようだった。この瞬間に集中しようとすればするほど、自分の感情も次第に鮮やかに感じられてきた。

「感覚がだんだん強くなっている気がします。これはうまくやれているんでしょうか」

ソユンが笑顔を浮かべてうなずいた。

ふと気になった。ほかの人も**ハビング〈Having〉**の秘密を知っているのだろうか。口の中の食べ物を素早く飲み込むと、気になるそのことを訊いてみた。

「気になることが一つあるんです。お金持ちたちもみんな**ハビング〈Having〉**をするのでしょうか」

待ちかまえていたソユンはすぐに答えてくれた。

「ええ、**ハビング〈Having〉**は彼らの生活に溶け込んでいます。自分では感じないくらい、ごく自然な態度として身についているのです。実際、本物のお金持ちたちは**ハビング〈Having〉**を人生の一部のように実践していますよ」

「本物のお金持ち、ですか？」

「世の中には二種類のお金持ちがいます。本物のお金持ちとニセモノのお金持ちです」


彼女が静かに言葉を続けた。


「十万人のデータを分析した結果、本物のお金持ちには共通点があったのです。例外なく**ハビング〈Having〉**をしているという点です。彼らが富を築いた過程を見ても、**ハビング〈Having〉**は間違いなく富にたどりつく最も速くて効率的な方法なのです」

「本物のお金持ちも喜んでお金を使うということですね。だけど、お金持ちは当然、財産もあるし、あるということをより感じやすいのではないでしょうか」

「ホンさん、エネルギーと物質、どちらが先だと思いますか」

思いがけない質問に一瞬、戸惑った。エネルギーと物質だなんて、物理の時間でもないのに、いったいどういう意味なのだろう。何と答えたらいいのか迷ってしまった。混乱している私の表情を見て、ソユンはウインクしながらヒントをくれた。

「感情は代表的なエネルギーの一つです。そして、物質の一つがお金でしょうね」

何とかして答えを見つけだそうとした。

「それなら……物質が先で、エネルギーが後ではないでしょうか。お金があれば誰でも気分がいいでしょうし、使うのも楽しく感じられるだろうから」

ソユンがゆっくりと首を横に振った。だが、大丈夫というやさしい表情だった。がんばって、もう一度答えてみた。

「ええと、それではエネルギーが物質より先ということですね。ちょっと難しいですね。お金がなくても喜びを感じるというのは……原因があるから結果もあると思うのですが……」

ソユンが明るく笑って、手のひらを合わせた。

「そうです！　原因と結果です」
「えっ」
「目に見える事実にごまかされないでください。真実は意外と簡単です。ポジティブなエネルギーでお金を楽しめば、必ずもっと大きなお金を引き寄せることができます。エネルギーは原因、物質は結果としてついてくるのです」

ソユンと会話していると、このように、わかるようでわからない質問をされることがあった。それでも、一つずつ答えながら会話に導かれていくと、いつのまにか「なるほど」と思う瞬間が訪れた。しばらくしてわかった。ソユンはソクラテス式の対話法を使って、自ら答えに気づけるよう導いてくれていたのだった。

「それなら……本物のお金持ちは、お金があるから**ハビング〈Having〉**をするのではなくて……、**ハビング〈Having〉**をしたからお金持ちになったのですね。お金があるということを喜ぶと、さらにお金が入ってくる……それなら、私のような平凡な人間でもお金持ちになれそうですね」

ソユンが明るく笑った。

「センスがある人と話すのはこれだから楽しいですね。そのとおりです」

しばらく考えを整理するように、彼女が鎖骨のあいだのネックレスをいじっていた。手の動きに沿って真珠のペンダントトップが上品に輝いた。

「本物のお金持ちはお金を使いながら、それを喜びとして受け取ることができます。今、ポケットにいくら入っているかは重要ではありません。お金を使うその瞬間に**ハ**

ビング〈Having〉をすることがポイントなのです。その感情のエネルギーによって、お金が引き寄せられるのです。どんなに小さな金額でもかまいません。**ハビング〈Having〉**は、わずか一ドルでも〝今、自分にはお金がある〟ということに集中することからはじまります。その感情が大きくなれば、お金を稼ぐ自分の能力に感謝するようになります。お金を稼がせてくれる世の中にも感謝するようになります。そうやってさらに大きなお金がめぐってくることを知っている、それが本物のお金持ちの心なのです」

≫ グルの言葉

・ポジティブなエネルギーでお金を楽しめば、必ずもっと大きなお金を引き寄せることができます。エネルギーは原因、物質は結果としてついてきます

・本物のお金持ちはお金を使いながら、それを喜びとして受け取

ることができます。今、ポケットにいくら入っているかは重要ではありません
・ハビング〈Having〉は、わずか一ドルでも〝今、自分にはお金がある〟ということに集中することからはじまります

事例──日本の「経営の神様」が語る三つの恵み

松下幸之助は日本で「経営の神様」と呼ばれる実業家だ。裕福な家庭に生まれたが、五歳のときに父親が破産して家が傾いた。そのため幼い彼も小学校を中退して自転車店で働かなくてはならなかった。毎日つらかった少年は、この世を去った母を恋しく思いながら毎晩泣いていた。

二三歳の年、彼は百円を投資して会社を設立した。のちにナショナル、パナソニックなどを率いて年間売上五兆円を達成することになる「松下電器」だった。

あるとき、記者が世界的実業家になった彼に質問した。

「会長、大きな成功を収めた秘訣は何でしょうか」

「天から与えられた三つの恵みがありました。貧しかったこと、体が弱かったこと、勉強する機会がなかったことです。そのおかげで成功できたのです」

「えっ？　天の恵みですか？　それはどれも不幸なのではありませんか」

「貧しさのおかげで、誠実さが重要であると早くから気づきました。生まれつき体が弱かったので健康の大切さを知り、体を大事にしてきました。小学校四年生のときに中退したので、つねに学ぶことに関心がありました」

他人が不幸だと考える環境のもとでも、松下幸之助は**ハビング〈Having〉**を心に抱いていた。彼は自分がもっているものに集中し、その肯定的な面を見ていた。その結果、不遇だった少年は日本一のお金持ちになることができたのだ。

11 ニセモノのお金持ち

「では、ニセモノのお金持ちとはどんなものでしょうか」

「ニセモノのお金持ちは、お金を使うとき〝十分ではない〟という考えにとらわれます。〝ある〟より〝ない〟のほうに集中するわけです。彼らにとってお金とは、使ってはいけないないものなのです。とことん節約して、切り詰めなければ大きな危険に襲われると信じています。お金をいつ止まるかわからない水の流れのように感じているのです」

コーヒーを一口飲んで、ソユンは言葉を続けた。

「結局、ニセモノのお金持ちは、お金を使いもしないのに、不安と不満のエネルギーを放出します。もちろん書類上は億万長者かもしれません。ですが、それには何の意味もありません。お金が出ていく穴を、ぎゅうぎゅうに縛っているのです」
「あ……私もそうです。お金持ちになるには節約しかないと信じてきました」
「節約の気持ちがどこからきているのか考えてみれば簡単です。来月からお給料がまったく入ってこないと考えてみてください。今、このステーキを食べることができるでしょうか」

難しい問いではなかった。

「いいえ。一銭も使えないと思います。これからどうなるかもわからないのに、とりあえず節約しないと」
「一方、来月からお給料が十倍に増えるとしたら？」

想像するだけでつい口元が緩んでしまう。

「お金がそんなにあるのだから、何も心配することなどありません。おいしくいただいて、心ゆくまで楽しみます」

そう答えた瞬間、理解した。

「本物のお金持ちとニセモノのお金持ちの気持ちも、そうなのかもしれませんね。お金があると思うことと、ないと思うこと！」

よくわかりましたね、というようにほほえんでから、ソユンはこう説明した。

「メガネをかけていると思ってください。黒いレンズのときは世界中が真っ黒に見えるでしょう。青いレンズを使えば、すべてが青く見えるはずです。同じように本物のお金持ちは**ハビング〈Having〉**のレンズ、ニセモノのお金持ちは〝ない〟のレンズで世界を見ているのです」

前日の会話のひとこまが思い浮かんだ。〝ある〟と〝ない〟にフォーカスしたとき、世の中が違って見えるという説明だった。本物のお金持ちとニセモノのお金持ちの違いも、そこにあるのだろうか。

「じゃあ……エネルギーのほうが物質より先だという法則を当てはめれば……ニセモノのお金持ちは〝ない〟に集中するので、お金を遠ざけそうですね」

ふと父の人生を思い浮かべた。持っているお金を失うのではないかと生涯心配しつづけていた父。お金というのは使うのではなく、持っているものだと言っていなかったか。十分な財産を築いてからも、父は人生を十分に楽しめなかった。お金がなくなることが不安だったからだ。最後まで病室を移さなかった父。六人部屋のベッドで父が最期に言い残した言葉を思い出したら、突然、胸の奥の悲しみが喉元まで込み上げてきた。

「亡くなった父のことを思い出してしまって……」

ソユンはあたたかく見守っていてくれた。私の気持ちに心から寄り添ってくれているまなざしだった。その目を見たとたん、涙がこぼれた。ぐっとこらえていた悲しみが今ごろになって湧きだしたようだった。ソユンが泣いている私の肩をそっと叩いてくれた。次第に悲しみは引いていった。その手からは癒しのエネルギーが伝わってきた。

「私はどうしても本物のお金持ちとして生きたいのです。節約ばかりで人生を終えたくないのです」

ソユンはエネルギーを吹きこむかのように短く言った。

「そうなりますよ」

少し感情が揺さぶられたが、私たちはまたもとの会話に戻った。気になることがまだ残っていた。

「お金持ちは幸せではないと、よく言われますよね。新聞や本を見ても、富と幸せの相関関係は高くないと言いますし。でも、本物のお金持ちはそうではないように思えるんです。お金を使うその瞬間を楽しみながら、幸せに暮らしていますよね」

私が本当に憧れる人生は、今日を楽しむ幸せなお金持ちの人生だった。明日のために今日を犠牲にする人生ではなくて。ニセモノのお金持ちとして生きるなんて考えただけでもゾッとする。金庫にはお金がたっぷりあるのに使いもしない人生だなんて。そんな人たちのような心配と不安の奴隷にはなりたくなかった。私の思考の流れを見抜いたように、ソユンはコーヒーカップを両手に包み込んだまま、椅子にもたれてしばらく待っていてくれた。そして静かにコーヒーを一口飲むと、私の考えに同意するというふうにうなずいた。

「本物のお金持ちとニセモノのお金持ちの人生は大きく違います。その理由は、視点が違うからです。本物のお金持ちは今日を生きています。日々、その日の喜びに忠実です。ニセモノのお金持ちは明日だけを生きています。今日というのは、明日のために犠牲にすべき、また別の一日にすぎないのです。本物のお金持ちにとって、お金は今日を心ゆくまで味わわせてくれる〝手段〟であり〝しもべ〟です。反対に、ニセモノのお金持ちにとってお金は〝目標〟であり〝主《あるじ》〟です。お金を守るために人生を犠牲にするのです」

グルの言葉

・本物のお金持ちは今日を生きています。日々、その日の喜びに忠実です。ニセモノのお金持ちは明日だけを生きています。今日というのは、明日のために犠牲にすべき、また別の一日にすぎないのです

・本物のお金持ちにとって、お金は今日を心ゆくまで味わわせてくれる〝手段〟であり〝しもべ〟です。反対に、ニセモノのお金持ちにとってお金とは〝目標〟であり〝主〟です。お金を守るために人生を犠牲にするのです

寓話――お金持ちの金塊

イソップ物語に出てくる話である。

ある村にケチなお金持ちがいた。全財産をはたいて金塊を買ったこのケチなお金持ちは、誰もわからない場所にそれを埋め、毎晩、取り出しては眺めて喜んでいた。ある日、一人の男が、こっそりあとをつけた。夜になるのを待った男は、金塊を掘り出すと、遠くへ逃げてしまった。

翌日、財宝が消えたことを知ったケチなお金持ちが、その場にへたりこんで泣いていた。彼を見た通りすがりの旅人が近づいてきた。一部始終を聞いた旅人はこう言った。

「もう泣かないでください。似たような大きさの石をひとつ埋めて、金塊があると信じればいいのです。使いもしないのだから、石でもいいじゃありませんか」

12　お金を引き寄せるパワー

わずか数分しか経っていないようだったのに、すでに数時間が流れていた。ソユンと話をするといつもそうだった。興味深い話に時間が経つのも忘れるのだ。

立ち上がって店の外に出た。古い街には夜の帳《とばり》が下り始めていた。私たちはゆっくりと歩き、ピエトラ橋にたどり着いた。橋の上に立って、川の向こう岸を眺めると、赤い屋根の家々の後ろにオレンジ色の濃い夕日が沈みかけていた。川の流れは橋の下でうずまいて、先を急いでいた。遠くから吹き寄せるさわやかな風に、自然と気分が爽快になった。隣を見ると、ソユンも欄干に腕をかけて、この風景に見惚れていた。

「この風も夕日も……ほんとうに素敵ですね。ロマンチックな雰囲気だから、ここが〝ロミオとジュリエット〟の舞台になったんでしょうね。じつは私、この物語はあまり好きじゃないんです。悲劇で終わってしまうから」

真っ赤な夕日をたっぷりと目に焼きつけたまま、ソユンが私のほうにゆっくりと向いた。

「その悲劇によって両家が和解したことを思えば、気分もよくなりませんか。その後、両家では幸せな結末を迎える人や恋人たちが出てきただろうと思います」

ほかの人たちよりずっと先を見つめるソユンらしい見方だった。いつも気にかかっていたことが思い浮かんだ。

「ふだん朝の四時や五時くらいにメールを送っていらっしゃるようですが、そんな朝早くにお仕事なさっているのですか」

「一人でいる自由に、没頭できる時間なのです。仕事というより瞑想や思索、研究をしています。お金持ちたちの事例を分析して、**ハビング〈Having〉**の秘密を見つけたのも、この時間のギフトです」

ソユンが優しく答えた。静かな早朝、自己と対話するソユンの姿を思い浮かべた。静けさの中、深い考えや鋭い洞察が湧きあがるのだろう。彼女は、私のような平凡な人間がたどりつけない境地にいるように思えた。それなのに苦労して得た知恵を惜しみなく与えてくれる。前日の話を思い出した。誰でも自分だけの富の器を持って生まれたという説明だった。ふと気にかかった。本物のお金持ちは、その器をどれくらい満たしているのだろう。

私の質問にソユンが答えてくれた。

「本物のお金持ちは少なくとも七〇～八〇パーセント、まれに百パーセント満たします」

「それでは、平均的な所得の普通の人々はどうでしょう？　私たちはその器をどれだけ満たしているのでしょうか」

「どの程度、満たすと思いますか」

「そうですね、半分くらい？」

そう、だめでも半分は満たしているだろう。理にかなった推測ではなく、希望的回答だった。神からの贈り物を半分も使えないのは、悔しすぎる気がした。ところがどんなに計算してみても、数字が合わなかった。

「でも考えてみると、半分はいかなそうですね。誰でも三〇〇万〜七〇〇万ドル手に入れられるというのなら……少なくとも一〇〇万〜三〇〇万ドルにはならないとおかしいはずですが……」

首をかしげて振り返ると、黙々と川の向こうを見つめるソユンの後ろ姿が見えた。

「残念ながら三分の二以上の人が、器の一〇〜二〇パーセントしか満たせずに人生を終えるのです」

衝撃的だった。たったの一〇パーセントしか満たせずに人生を終えるなんて、泣きたい気分になった。

「ああ……ちょっと不公平ですね。節約して我慢して、必死でがんばっているというのに……器の底スレスレしかないだなんて。私たちがあくせくしているあいだに、本物のお金持ちは喜んでお金を使って、人生を謳歌しているのに」

「そうです。お金持ちよりずっと一生懸命に生きている、お金持ちでない人たちはたくさんいます。お金持ちになるかどうかは努力に比例するわけではないのです。本物のお金持ちは同じ努力でより多くのお金を引き寄せる方法を知っているのです。つまり、効率性の問題というわけです」

ＭＢＡ課程の二年生のときだった。私はノートを丸暗記し、国際経営学の試験に備えていた。ところが問題用紙を受け取って目の前が真っ暗になった。解けそうな問題がほとんどなかったのだ。結局、その試験で私は最下位になってしまった。概念をきちんと理解もせずに、間違った方法で勉強したせいだった。

お金持ちになることも、それと似ているような気がした。間違った道を選んだ人は、どんなにがんばってもCやFの成績しかもらえない。一方、同じ努力を注いでも、簡単な早道を選択すればAをもらえるのだろう。

「チリンチリン」

自転車が一台、ベルを鳴らして通りすぎた。白のTシャツとジーンズ姿の女子学生が金髪をなびかせて軽快にペダルをこいでいた。少し考えを脇に置いて、その姿を眺めていたとき、ソユンに質問された。

「自転車に乗るのは好きですか」

「もちろんです。子どものときからよく乗っていました」

「自転車に乗るとき、足首の角度によってペダルを踏み込む力が違うというのを経験したことはありますか」

さっきの女子学生を見た。坂道に差しかかり、さらに強くペダルを踏みこんでいた。

「ええ。足首の角度を変えると、少ない力で済みますよね」

「それが〝力点〟なのです」

「あ、高校のときに習いました。何か物体を動かすときに力をかける点のことですよね」

「ええ、そうです。力点をうまく合わせれば、かかる力は五〇倍も違ってきます。同じ自転車に乗っても、より楽に坂をのぼれるということです。釘を打つとき、ハンマーの頭のほうを握るのと、柄の先を握るのとを比べてみれば、わかりやすいと思います」

同じ力を加えても、その効果が増幅されるという話だ。その説明をよく考えてみると、驚くべき結論に達した。同じ努力でも、より多くのお金を引き寄せることができる、そういう意味ではないか。

「力点が存在するように、効率的にお金持ちになる方法があるということですね。それが、本物のお金持ちたちが知る秘密、**ハビング〈Having〉**ではないですか?」

ソユンが嬉しそうに答えた。

「やはり飲み込みが早いですね。そうです。**ハビング〈Having〉**は、自分に合った力点を自然と見つけだせるようにしてくれます。最小限の努力で最大限の効率を引き出すシステムが構築されるのです」

>>> グルの言葉

・本物のお金持ちたちは同じ努力でお金をより多く引き寄せる方法を知っているのです。つまり、効率性の問題というわけです

・ハビング〈Having〉は、自分に合った力点を自然と見つけだせるようにしてくれます。最小限の努力で最大限の効率を引き出すシステムが構築されるのです

事例——ハビング〈Having〉で島を買った男

「先生、私、お金をたくさん稼ぎたいのです。最低でも二億ドル以上です。そのお金で人生を楽しんで一緒に働く人たちにボーナスも奮発したいのです。でも、みんなその言葉を信じてくれません。資金も経験もなく、年まで取っている私が、かなうはずのない夢を見ていると言うのです。それでもどうしてもお金持ちになりたいのです。どうか方法を教えてください」

以前は大学教授だったというある事業家が訪ねてきた。ソユンはほかの人たちが気づかなかった可能性を彼の中に見つけた。素直に信じる心とグルの言葉を実践できる勇気だった。彼女は**ハビング〈Having〉**を教え、一カ月間、それを実践するよう勧めた。

ハビング〈Having〉を学んだその事業家は、毎日〝ある〟ということを感じようと努力した。「事業を経営するお金があるからこうして出勤できるんだ。この喜びをしっかり感じてみよう」というふうに。また、「信用されているから借金もできるんだ。利子を支払うということ自体、お金があるという証拠だ」「給料日に社員に支払うお金があることに感謝しなくては」などと自分を励ますこともあった。

ひと月後、ずいぶんと明るくなった表情で彼が訪ねてきた。

「**ハビング〈Having〉**をやっているうちに、自分がたくさんのものを持っていると気づきました。確かな技術力、すばらしい研究者たちです」

「重要なのは、その気づきを心で感じることです。それはどんな感情を呼び起こしましたか」

「まず、気持ちが楽になりました。不安や心配が減って、喜びと感謝を感じるようになりました。やれるという希望が生まれたら、全身に新たなエネルギーがめぐるようです」

彼は社員に**ハビング〈Having〉**の精神を伝えることも忘れなかった。「科学者がお金を稼ぐのを見せてやろう」と研究員たちを励ました。しばらくして、彼は特許を出願し、開発した技術を担保に百万ドルの投資まで誘致することになった。

ピンチを脱出したあとも、大きな幸運は次々と訪れた。ロイヤルティをもらって技術が輸出され、会社の売り上げも数億ドルに達した。お金持ちになった事業家は、島と馬の牧場を買い入れ、社員たちに特別ボーナスを支給した。思い描いたとおりに夢が実現したのだった。

事例――父が残した遺産、ハビング〈Having〉

二〇代後半の女性が沈鬱な表情でソユンを訪ねてきた。裕福な家庭で育った彼女は、高校のときに大きな試練にあった。父が突然この世を去り、彼女と家族は経済的な困難に陥った。大学に入っても、自分で学費を稼がなくてはならず、ほかの人たちのように海外旅行や恋愛を楽しむこともなかった。生活が苦しくなった彼女を相手にしなくなった友達も何人かいた。

そんなつらい時期に、女性が心に刻んだことがあった。それは父が残した教訓だった。

「あるものにつねに感謝しなさいと言われました。心がお金持ちであれば、いつでも危機を乗り越えられると。持っているものを分け与えなさいとも言われました。父自身も自分の社員の子どもたちに奨学金を支援し、恵まれない人たちを助けていました」

女性は涙ぐみながらソユンを見上げた。

「でも父が亡くなって、何もかもが混乱しました。生きるのがつらかったせいか、貴重な教訓を忘れて生きていました」

大学を卒業すると、小さな雑誌社に契約社員として就職した。だが、友達が親の助けで優秀なスキルを身につけ、キャリアを積んでいくのを見るたび、相対的剥奪感を覚えた。ソユンを訪ねたのもそんなときだった。以前、父がソユンに相談に乗ってもらっていたことを思い出したのだ。

「お父様から多くの精神的遺産を引き継ぎましたね。それを現実の中でチャンスにする才能をお持ちです。今から三カ月以内に、お父様の縁を通じて、いい機会に恵まれるでしょう」

……………………

静かに耳を傾けていた女性は涙を流した。

「正直、父を恨んでばかりいました。精神的遺産だなんて思いもよりませんでした。つねにあるものに感謝しろと言われていたのに……その貴重な教訓をどうして忘れていたのでしょう」

ハビング〈Having〉を始めると、彼女の人生も少しずつ変わりだした。自分がもっているものに感謝し、〝ある〟ことに集中するほど、自分や世の中を信じ、より積極的に働けるようになった。ある日、決定的なチャンスが訪れた。欠勤した先輩の代打で、運送業社の代表にインタビューすることになったのだ。驚いたことに、その代表は父にとても助けられたという人だった。

「君のお父さんに助けてもらった恩返しがしたい。うちの会社に来て働いてくれないか」

ハビング〈Having〉をやっていたその女性は、幸運が訪れるはずだという確信があり、自信をもってそのオファーを受け入れた。転職後、彼女は積極的に仕事の範囲を広げた。社員の困りごとも率先して解決に乗り出した。そうしたことが繰り返され、実力を認められた彼女はスピード出世を重ねた。

七年後、その女性は会社のCEOになった。その後も彼女が信じるとおり度重なる幸運が訪れた。買収したベンチャー企業も大当たりして、会社の売り上げも三倍に跳ね上がり、その結果、彼女自身もお金持ちになった。そしてお金持ちになった今、彼女は財団を設立し、奨学金を支援する社会貢献に専念している。「分かちあえる富があることに感謝しなさい」という父の言葉を忘れなかったのだ。

＊　＊　＊

記者時代に出会った人たちを思い浮かべた。千ドルを超えるワインを飲みながら、持っているお金を自慢していたお金持ちは、じつは会社のお金を横領した人で、ほどなくその事実が発覚すると、鉄格子の中で暮らすことになった。社員の給料は上げないくせに、自分だけが高い配当を受け取っていた経営者もいた。内部告発によってすぐに会計の不正が暴かれて、会社も潰れてしまった。

しかし、ソユンが教えてくれた本物のお金持ちたちは違った。彼らは**ハビング〈Having〉**を通じてお金と幸運をたぐり寄せ、お金持ちになった今も、豊かさを分け与え、恵まれない人たちを助けていた。私が本当に望むのも、そんな人生だった。

13 恩人

風がひんやりとしてきた。今日はそろそろ終わりだという合図のように感じられる。まだ質問したいことはたくさんあった。私は急かされるように尋ねた。

「**ハビング〈Having〉**を実践する本物のお金持ちたちが、人の数十倍もの富を引き寄せる秘訣は何なのでしょうか。そのお金はどうやって入ってくるのでしょう？　宝くじにでも当せんするのでしょうか」

「ルートはさまざまですが、その多くは人とのご縁によって入ってきます」

少しがっかりした。なんだか公平ではないような気がしたからだ。人脈や親の助けがなければだめだという意味なのだろうか。

「事業のアイテムや株式の情報を教えてくれる人がいるということでしょうか。それとも就職先を紹介してもらえるとか、太っ腹な上司がボーナスを出してくれるというようなことですか」

「ご縁の種類や性質、どうやってお金が入ってくるかは、人によって違います。本物のお金持ちたちの共通点は、いいご縁を見抜いて、それを大切に育てていくというところにあります。彼らがご縁を通じて**ハビング〈Having〉**の果実を得るのもそのためです」

ここで「恩人」という言葉が思い浮かんだ。「いいことが起こるように力になってくれる大切な人」という意味だった。

「いいご縁というのは、恩人に出会うという意味ですね」

ソユンがうなずいた。私は質問を続けた。

「では、どこで恩人に出会えるのでしょう？ 自分がすでに知っている、友達や職場の仲間などではなさそうですし……。**ハビング〈Having〉**をやれば、恩人がジャジャーンと現れるのですか」

私が両手を広げておかしな表情すると、ソユンが愉快そうに笑った。

「それも人によって違いますね。ただ、多くの人が、友達や上司など、直接の知り合いに限られると誤解しています」

どういう意味だろう。直接の知り合いでもない人が助けてくれるというのだろうか。

「私もずっと恩人と言える人たちに助けられてきましたが、ほとんどの人は直接会ったことはありません」

このくだりで、元記者としての好奇心が発動した。

「ソユンさんにとっては、どんなかたたちが恩人だったのですか」
「幼いころ私を育ててくれた乳母がいます。彼女からは本当の愛というものを教わりました。見返りを望んだり、所有しようとしたりしない愛です。愛は伝わらなければ意味がないということも知りました。東洋と西洋の古典に出てくる哲学者や科学者、思想家たちも私の恩人です。子どものころから想像上の彼らと議論していたんです。そのおかげで気づきを得て、学びを広げることができました。こうして直接知っている人でなくても、いくらでも恩人になってくれるのです」

ここまで聞いて、恩人を通して幸運をつかんだ本物のお金持ちたちのことを思い出した。

一九七〇年代半ば、ジョージ・ルーカスはある映画を構想していた。タイトルは『スター・ウォーズ』。ストーリーとキャラクターを設定するときにインスピレーションを受けたのは日本の黒澤明監督の『七人の侍』と『隠し砦の三悪人』だった。『スター・ウォーズ』は一九七七年公開後、制作費の七〇倍を超える収益を上げ大成功を収めた。おかげでルーカス自身も億万長者になった。

一九八〇年になると、今度はルーカスが黒澤監督を助けることになる。心の恩人が映画制作で困難に直面しているという噂を聞きつけて、直接、名乗り出たのだ。そうして制作と投資の問題が解決され、作られた映画があの『影武者』だった。今でも世紀の名作としてその功績を称えらえる映画だ。そして一九九〇年、アカデミー賞授賞式で黒澤監督が名誉賞を受賞したとき、授賞者として登場したのがルーカスだった。自分の師であり恩人である監督に尊敬の意を表すため、ステージに上がったのだ。

アリババの創業者ジャック・マーのエピソードも思い出した。二〇一七年二月、当時会長だったジャック・マーがオーストラリアのニューカッスル大学に二〇〇〇万ドルの奨学金を寄付すると発表した。何のゆかりもないオーストラリアに巨額を寄付するとした理由は何だろう？　それは子どものころに知り合ったケン・モーリーとの縁のためだった。一六歳のジャック・マーが中国を旅行中だったモーリー一家と出会ったのは一九八〇年。以後、彼を「オーストラリアの父」と呼んで、文通で友情を育んできた。

数年後、モーリーにオーストラリアに招待されたときのこと。ビザの発給を何度も拒否され困っていると、モーリーが粘り強く大使館にかけあってくれた。おかげでジャック・マーは七回の申請の末にビザを取ることができた。

後日、ジャック・マーはオーストラリアでの経験をこう回想した。「若いころオーストラリアで過ごした時間に深く感謝している。文化や風景、何よりオーストラリアの人々……このすべてが私の世界観を変えるのに大きな影響を与えた」。そして二〇〇四年に亡くなったモーリーを称えるため、「オーストラリアの父」の国に二〇〇〇万ドルを寄付すると宣言したのだ。自身の受けた恩に報いたいという意味だった。

［"Alibaba founder Jack Ma sets up Australian scholarship program in honour of late friend" ,Feb.3rd ,2017,South china Morning Post］

ルーカスの恩人が黒澤監督なら、ジャック・マーが出会った恩人はモーリーだった。お金持ちたちの例を見ると、よりわかりやすかった。恩人は直接お金をもってきてくれたのではなく、代わりに、お金持ちになる道へと導いてくれたのだ。ここまで考えると私は言った。

「いろいろな例を見ると、本物のお金持ちたちも恩人に恩返ししているようですね」
「そうなのです。ただ乗りする人はいません。本物のお金持ちは〝ただ飯はない〟という言葉を胸に刻んでいます。いいご縁を育てて投資もするというわけです」
「ルーカスと黒澤監督が互いに助けあったようにですね」

ソユンの声にはエネルギーが感じられた。

「これが典型的なお金持ちの人間関係です。幸運の好循環を作るのです。ホンさんも誰かへの感謝の気持ちでプレゼントを買ったことがあるはずです。そのとき、どんな気分でしたか」
「ワクワクして幸せでした。相手が喜ぶことを想像すると、さらにうれしくなりました」

満足そうな表情を浮かべ、ソユンが強調した。

「それが**ハビング〈Having〉**なのです。〝ある〟を感じているから、分かちあう気持ちも生まれるのです。一方、相手から得ようとすることばかり考えていたら、恩人どころか、詐欺だけを引き寄せるでしょう」

はっと我に返った。私の恩人はすぐ目の前にいるではないか。世の中のお金持ちたちがこぞって会いたがる彼女、ソユンのことだ。ここまで誠心誠意、私を導いてくれるのだから、感謝に堪えなかった。恩に報いる方法を考えようと、私は決心した。

》》グルの言葉

・本物のお金持ちは〝ただ飯はない〟という言葉を胸に刻んでいます。いいご縁を育てて投資もするというわけです

・〝ある〟を感じているから、分かちあう気持ちも生まれるのです。一方、相手から得ようとすることばかり考えていたら、恩人

どころか、詐欺だけを引き寄せるでしょう

ケーススタディ――本物のお金持ちとニセモノのお金持ちの恩人

世界的な不動産バブルの真っ只中だった二〇〇七年。バブルの崩壊を見越していたソユンはこうアドバイスした。

「もうじき不動産バブルが崩壊します。今後、第二四半期のあいだに不動産からは手を引いたほうがいいでしょう」

同じアドバイスをもらった二人のお金持ちがいた。最初のお金持ちは**ハビング〈Having〉**を通じて不動産投資に成功し、資産を数億ドルに増やした人だった。直観力があり、人脈を管理する能力に優れているだけでなく、恩人を敬える人だった。ソユンの忠告に彼は迷わず資産を現金化し始めた。そして慎重に訊いた。

「先生、それではどこに投資すればいいのでしょうか。これまで不動産しか手がけたことがなく、株はよくわからないのです」

「これまでお金を稼いできたパターンを分析してみると、攻撃的な株式投資よりも外国為替のほうがよさそうですね」

言うまでもなく彼はすぐに実行に移した。しばらくすると金融危機が訪れ、不動産の景気が沈滞してドルが急騰した。外国為替で大きな利益を得た彼は、再び不動産を安値で買い入れ、それにより資産を倍以上に増やした。

「先生、本当にありがとうございます。おかげで危機を逃れただけでなく、ずいぶんと利益を得ることができました。私にできることがあれば、なんなりとおっしゃってください」

一方、自営業で財産を増やした二人目のお金持ちは、ソユンに言われたあとも、ずっと迷いつづけていた。

「これまでほかに投資したことがないんです。それでも不動産がいちばん安全な投資先ではないですか。へたに危険を冒して、せっかく貯めたお金を失ってしまったらどうしろというのです」

若いときから食堂をやってきた彼は、お札の一枚も大切にして生きてきた人だった。毎晩アイロンで、その日の稼ぎの現金のしわをのばすほど、お金をとにかく大切にしていた。急に投資対象を変えろと言われても、受け入れがたかったのだ。

ほどなく市場が暴落すると、現金の流動性は悪化する一方だった。財産のほとんどを不動産に注ぎこんでいたからだ。結局、ほかの事業に投資することもできなくなった彼は、長い期間、経済的な困難に陥るはめになった。

グルのストーリー――高校生、グルになる

「学校の前にどうして高級車があんなにたくさんいるの？　じゃまだわ」

友人たちの不満を高校生のソユンはただ聞いているだけだった。車に乗っている人たちが誰かわかっていたからだ。彼らはソユンに会うために学校の前に押しかけてきた人たちだった。

六歳のころから始めた運命学の勉強に、ソユンはすっかり夢中になった。毎日数時間にわたって古典を勉強し、事例を分析していった。ひときわ聡明な子どもだったので、あっというまに吸収した。半年たつと、もはや祖母が教えることもないくらいだった。その後、全国の有名な大家を訪ねて、さまざまな技法を身につけたが、それすらも限界があった。ある水準に達すると、師匠たちもソユンの質問に答えられなくなったのだ。結局、自力で答えを探すしかなかった。

毎日、朝の四時に一日をスタートさせること。それが子どものころから今まで一日も欠かさず守ってきた習慣だ。この時間、ソユンは瞑想で内なるエネルギーに集中してから、多くの事例を比較し分析していった。勉強するなかで早くに会

得した事実があった。洞察力を育てるカギがデータにあるということだった。歴史的な人物の資料やさまざまな人たちの実際の事例を検討してみると、本では得られない気づきがあったのだ。

彼女が使う分析方法はさまざまだ。そのうちの一つが、同じ運命を持ちながら、違う時代に生きていたり、違う国で生きたりした人を調べるというものだ。お金持ちのデータは、財産のスケールと性格よってより細かく分ける。財産が同程度でも、不動産、金融、現金のうちどれが多いのかに分けて分析する。金融資産では株式、債券、派生商品の割合まで検討し、株式の場合、直接投資なのか、間接投資なのか、どんな種目でいつ稼いだのか、このすべてが具体的に検討される。

お金持ちは財産の規模によってさらに分けられる。一億ドル以下は一千万、二千万、四千万、七千万、一億ドルに、そして一億～十億ドルのあいだは三段階に分ける。ここに中流階級や庶民層の資料まで加えて、科学的な統計モデルを完成させたのだ。

分析結果によれば、人が持つ富の器は、その大きさと性格がすべて違っていた。どういう心構えかによって、その器を半分も満たせなかったり、あふれさせたりすることもできた。この方法で毎日数十件の事例を調べた結果、ソユンは高校までに数万人すべての分析を終えることができた。その後もデータは追加されて、彼女のモデルはつねに更新され、広がりをみせた。

幸運と富の秘密を探究する忙しいさなかにも、ソユンは学業を怠らなかった。早朝の時間を事例研究に費やし、学校では授業に集中した。彼女には人生の主《あるじ》は自分自身だという信念があった。学生であることを選んだのも自分であり、その責任を果たすべきだと考えた。

高校一年になると、ソユンは本格的にお金持ちの相談に応じ始めた。彼女に関する噂が広がると、お金になる情報に敏感なお金持ちたちがじっとしているはずがなかった。彼らは学校の前を埋めつくし、ソユンを待ち伏せたりした。

教室でも同じ光景が広がった。休み時間になると友達が集まってきて、長い列をつくった。「この大学にぜったい行きたいんだけど……合格できるかな」「教会の先輩が好きなんだけど、どうすればうまくいくかな」、「両親の仲が悪くて……離婚したらどうしよう」。

少女たちの悩みは時に深刻で、時に取るに足らないものだった。だがソユンは質問を無視しなかった。一言二言でも、どうしても必要なことをアドバイスした。相手にお金があるかないか、大人か若者かは重要ではなかった。人の苦しみというものは、端目には違っていても、根本的な感情は似たようなものだったからだ。多くの事例を調べながら、彼女が気づいたことだった。

　私が見てきたソユンもそれと違わなかった。彼女は財閥や大統領、社会的な弱者やホームレスにも、すべて同じように接した。世界的富豪だからと特別扱いすることもなかった。誰に会っても彼らの苦しみに耳を傾け、いちばん必要とされる解決策を示した。こうした資質は誰かに教わったものではない。生まれつきのものだからこそ、可能だったのだ。

Part Ⅲ

感情に答えがある

14　ハビング〈Having〉を始める

韓国に戻ると時間が早く流れていった。イタリアでソユンに会ったことが夢のように感じられた。コバルトブルーのコモ湖を背景に、長く差し込んだ日差しを受けていたソユン。彼女は静かな落ち着いたまなざしでこう語ってくれた。あなたもお金持ちに、本当のお金持ちになれるのだと。

ところが、いざ韓国に戻ると、**ハビング〈Having〉**を実践することなど、ただただ遠くに感じられた。改めて思い返したり、考えてみたりするよりも前に、私は慌ただしい日常に飲み込まれていった。

私の日常はつねに同じことの繰り返しだった。時計のアラームが鳴ると、寝返りを打てるだけ打ってから、ようやく重い体を起こす。コーヒーで目を覚ますと、子どもを保育園に送りとどける。出社したらしたで、やることが山積みになって待ち受けていた。次々と送られてくるメールや電話、報告書を処理していたら、お昼を抜くこともしょっちゅうだ。午後は会議や打ち合わせ、カンファレンスコール〈電話会議〉まで出席すると、もう退社時刻だ。終わらなかった仕事は持ち帰り、急いで帰宅する。

夫は地方勤務なので、三歳の息子の面倒を見るのはもっぱら私の役目だ。夕食の支度をして一緒に食べ、遊んで、お風呂に入れて、本を読んであげて寝かしつければ、もう夜の一〇時だ。眠い目をこすりながらパソコンを開き、残りの仕事を片づける。そうして仕事をしているうちに一二時も過ぎ、テレビのリモコンをいじりながら眠りにつくこともある。

ここのところ、心の中で聞こえるソユンの声がだんだんと大きくなっていった。大きくなりすぎて、体中に響き渡るようだった。それでも目まぐるしい日常に、何日経っても**ハビング〈Having〉**を始められなかった。仕事のときも、子どもと一緒のときも、つねに宿題をやっていない人のように気持ちが晴れなかった。お金持ちになるどころか、こうして何かに追われつづける人生だったらどうしよう？　ちらちらと不安が押し寄せてきた。

雨の月曜日の朝だった。ふだんよりも混んでいる道を抜けて出勤した私は、会社の前のコーヒー専門店で並びながら、一週間のスケジュールを眺めていた。スマホの画面をびっしり埋めつくした打ち合わせと報告書の予定に息が詰まりそうになった。おのずとため息が出たそのとき、コーヒー豆を焙煎する香りが漂ってきた。その香りに、コーヒーを飲んでいたソユンの姿が自然と目の前に浮かんだ。明るく澄んだあの声も耳元で響くようだった。

「今、この瞬間を生きること、それが**ハビング〈Having〉**の第一歩です」

そうだ、今、**ハビング〈Having〉**を始めなくては！　突然、新たな決意が湧いてきた。ソユンの姿と声を思い出したからだろうか。そう思うだけでも、不足していたエネルギーが満たされていくような気がした。全身に新しい力がみなぎって、やれるという勇気が生まれた。

ちょうど注文する順番が回ってきた。私は元気な声で店員に声をかけた。

「おはようございます！」

レジの向こうにベレー帽とエプロン姿の男性が立っていた。二〇代半ばくらいだろうか。おそらく大学を卒業して就職準備中というような年齢だろう。小さな目に丸メガネ、角張ったあごのこの青年は、いつも疲れた顔をしていた。きっと私と同じようにリスが回し車を回すような一日を送っているからだろう。それか、いちばん慌ただしい時間に私がいつも来ているからかもしれない。

ところが、今日はあいさつをしたら、すぐに明るく笑い返してくれた。

「おはようございます。いつものカフェラテでよろしいですか」

笑顔を見たのは初めてだった。私のお気に入りまで覚えてくれているなんて。もしかしたらソユンから受け取ったエネルギーが伝ったのだろうか。どちらにしてもうれしかった。今から私は**ハビング〈Having〉**を始めるのだから。そう思うとすっと背筋が伸びた。

「ええ、今日も同じのにしてください」

よし、今から**ハビング〈Having〉**の時間だ。まず気分よくカードを差し出した。そしてコーヒーを気軽に買えるお金が私に〝ある〟ことを感じてみた。ふとアメリカで勉強していたころを思い出した。〈あのときは学生の身分だったから使えるお金も少なくて、一ドルでも切り詰めようとコーヒーを持ち歩いていたっけ。でも今の私を見て。コーヒー一杯くらい平気で注文できるようになったじゃない〉。そう思うだけでもお金持ちになった気分だった。私は心の中で叫んだ。

〈そうよ、私にはお金があるんだわ！　コーヒーを買うお金が私にはある！〉

レジのそばの端末にサインを求めるランプがついた。いつもなら面倒に感じるその行為が、急に楽しく感じられた。お金があるという証書にサインする気分だった。

支払いを済ませると、青年が親切にコーヒーを渡してくれた。それを受け取りながら自分に言い聞かせた。〈今から**ハビング〈Having〉**を感じてみよう。この瞬間を楽しもう〉。ソユンが私の目の前でコーヒーカップを持っていると想像してみた。まるで自動ボタンでも押されたように、やれるという勇気が湧いた。

まず、カップを両手で包み込み、その香りを味わった。鼻の中に入ってきたその香りは全身を満たすようだった。その次にカップに口をつけて一口飲んでみた。熱い液体が喉元を通りすぎると、全身があたたかく満たされて、手の先から足先まで、その味と香りが伝わっていくようだった。毎日飲んでいるものなのに、その感覚はまったく違った。生まれて初めて飲んだかのように、すべてが新しかった。

立ったまま何口かコーヒーを味わうと、ドアを開けて外に出た。手に持ったコーヒーのせいか、ぬかるんだ道を歩いても足どりは軽かった。傘に落ちてくる雨粒が音楽のように聞こえて、自然と鼻歌になった。『雨に唄えば』のジーン・ケリーのように、私も傘をたたんで雨の中を踊りだしたい気分だった。

そうやって歩いて会社に到着した。いつもならスタートから気分がずっしりと重い月曜日の朝だった。ところが今日は違う。私の手には**ハビング〈Having〉**の証拠、コーヒーがあるのだ。今にも飛んでいくようなその気分を楽しみながら同僚にあいさつした。

「おはようございます」

「今日は何かうれしいことでもあるんですか？　元気そうですね」

まるで「愛の妙薬」を飲んだみたいに、みんなが私を見て明るく笑った。

席につくとパソコンを立ち上げてメールボックスを開いた。口笛を吹きながらメールの一覧を見ていると見慣れないアドレスが目に入った。それを見た瞬間、突然、心臓がドキドキしだした。

じつは韓国に戻ったあと、私はソユンに連絡を入れていた。また可能なときに必ずお会いしたいと。でも、こちらが会いたいと言って会える人ではないこともよくわかっていた。ところがソユンから返事が来たのだ。それも数週間後にパリで会いましょうという返事が。メールの最後には飛行機のチケットを送るとも添えられていた。

メールを読んだとたん、喜びが血管を通って体中に流れていくようだった。**ハビン**

グ〈Having〉を始めてすぐにこんなことが起こるなんて……。私の人生にも何らかの魔法が働き始めたのだろうか。

15 消費するときの心

数週間が過ぎた。雨の朝にハビング〈Having〉をスタートして以来、私はせっせと練習を続けていた。じつはハビング〈Having〉は思ったほど難しくなかった。お金を使う瞬間に〝ある〟ことを感じさえすればよかった。道具が必要だったり費用がかかったりするわけでもなかった。スーパーで有機野菜を選ぶときや、家族と外食するとき、甘い香りのボディローションを買うとき……そのどの瞬間にも、自分が持っているものを楽しみさえすればよかった。

ハビング〈Having〉に時間をたくさんかけたわけでもないのに、思ったよりも早く変化を感じられた。まず、お金に対する感情が変わってきたのだ。以前はお金を使ったあとは、毎回こんなふうに思っていた。〈ほかのところに行けばもっと安いのがあるかもしれない〉〈似たようなものが家にあるのに……また買ったら無駄遣いじゃないかしら〉。カードで支払ったあとは、何か悪いことでもしたように罪悪感に襲われた。意味もなく不安で、焦ったりもした。そんな気持ちになるのだから、お金を使うことがうれしいはずがなかった。カードを使ったあとは、いつもなんだかすっきりとせず、憂鬱なだけだった。

ところが、**ハビング〈Having〉**を始めると、お金を使うことが楽しくなり始めた。

〈わあ、お金持ちになったみたいだわ。今、私は本物のお金持ちのように未来に投資しているのね〉

〈気分よく使えるお金が私にはある。ありがたく思わなくちゃ〉

給料に対する感情も変わってきた。じつは以前は給料が入っても、たいしてうれしいと思わなかった。家賃に教育費、ローンの支払いが出ていけば、いくらも残らないのに……これを稼ぐためにがむしゃらに働いているのかと思うと、かえって気分が落ち込んだ。そして数日後、空っぽになった通帳を確認すれば、満ち潮のように虚脱感が押し寄せた。でも今は給料が振り込まれた通帳を見ても、この瞬間を生きようと考える。

〈お給料が振り込まれている。これだけ稼ぐ能力が私にはある。家賃や子どもの教育費も払って、食料まで買うお金が入ってきたんだから。この喜びをたっぷりと味わわなくちゃ〉

そうしてソユンと会う約束をした日が近づいてきた。パリに行くと思うだけで、心が浮き立った。出発を控えて、ソユンから航空チケットが送られてきた日だった。座席番号が少し変わっていたので、調べてみるとビジネスクラスのチケットだった。私に時間を割いてくれるだけでもありがたいのに、こんな素敵なプレゼントまで。予期しなかった心遣いに胸がじんとした。

もちろん**ハビング〈Having〉**がいつもスムーズにいっていたわけではない。ときどき小さなピンチもあった。その一つが、予想外の税金の通知書を受け取ったことだった。夜遅く帰宅した日、玄関を入るとテーブルの上に封筒が置いてあった。差出人は国税庁。中を見るまでもなく税金を払えという通知書だろう。それにしても突然、いくらなのだろう。請求額が大きかったらどうしよう？　そのまま封筒を開けるのが怖ろしくて先にテレビをつけ、時間を稼いだ。ところが、視線はテレビに向いていても、心はテーブルの上のほうにばかり伸びていく。歯のあいだにはさまった肉のように、紙切れ一枚がずっと神経を刺激した。もう一度テーブルの前に戻り、大きく息を吸い込んだ。気を確かにもつと、はさみで開封した。

用紙には大変な額が印字されていた。それを見た瞬間、目の前が真っ暗になるようだった。すっかり忘れていた税金だった。期限を過ぎていたので、さらに過剰金まで上乗せされていた。口の中が渇いて、胸がぎゅうっと締めつけられた。〈いきなり数百万ウォン？　思いもよらない出費だわ……〉。ふだんの私だったらまずは電卓を取り出していただろう。あといくら切り詰めるべきかと頭を悩ませ、不安で眠れなかったはずだ。

メンタルが崩れそうなその瞬間、私は自分に向かって叫んだ。

「ちょっと待って！　落ち着いて。ハビング〈Having〉をすればいいのよ」

目を閉じて私はゆっくりと息を吸って吐いた。何度か繰り返すと、ほほえむソユンの顔が浮かんだ。いつものように、あたたかく、やさしい表情だった。

「ハビング〈Having〉は、わずか一ドルでも〝今、自分にはお金がある〟ということに集中することから始まります」

思いやり深い声が心の中で響き渡ると、不安だった気持ちが少しずつ落ち着いてきた。

「ソユンが一緒なのだから大丈夫。今、私にはお金がある！」

インターネットを開いて通帳残高を確認してみた。ちょうど夏休みの旅行用に貯めておいたお金があった。それを見たら力が湧いた。

「税金を払うお金は十分にあるじゃない！　この通知書は私にお金があるという証拠

なのね！」

気持ちがずっと楽になり、用紙に印字された数字ももう怖いとは感じなかった。その勢いでスマホを開き、すぐに税金の支払い手続きを済ませた。そして安心して横になり深い眠りについた。

また別のピンチが訪れた場所はデパートだった。ブランドショップの前を通ったときに一足の靴が目に留まった。華やかなチェーンの飾りがついたサファイアカラーのサンダルだった。それを見るなり、私は磁石に引き寄せられるように、売場の中へと吸い込まれていった。すぐにそのサンダルの前に行き、まずは値札を確認した。とたんに体が凍りつきそうになった。六〇万ウォン！　ふだん買う靴の三、四倍もする額だった。

〈あらっ、どうしよう。ちょっと高すぎる……〉

あきらめて出ていこうとすると、店員が近づいてきて声をかけた。

「この商品、有名な女優さんが履いていたのはご存じですか。残りはこれ一足だけなんですよ」

芸能人と最後の一足。どうしてそう言われただけで、残っていた理性まですっかり消えてしまうのだろう。そう聞いたら、接着剤でつけたようにサンダルが手から離れなくなった。私はずっとサンダルを触りながら、その場でうろうろしていた。ところが少しへんだった。悪さを働くわけでもないのに、他人の答案用紙を盗み見るような、どこか気まずい感じがしていたのだ。自分なりに言い訳もしてみた。

〈そうよ、ソユンも言ってたじゃない。楽しく消費すればお金持ちになれるって。ちょっとくらい高くたっていいじゃない。このサンダルの金額よりもっと稼いでいるんだから〉

迷えば迷うほど、店員の視線もレーザーのように刺さってくる。そのプレッシャーに負けて、仕方なくレジへと向かった。ところが一歩足を踏み出すごとに、気持ちがもやもやする。考えれば考えるほど、あまりにも高い買い物だった。何か間違いでもしでかしたように、体がかちこちになっていた。

カードを出そうとしたそのとき、ソユンの言葉が耳元に響いた。同時に断固とした様子で輝いていたあのまなざしも浮かんだ。

「浪費は**ハビング〈Having〉**ではありません。自分が本当に欲しい物を探してください」

突然、はっと我に返った。

〈もしかしたらこれは、明日はないという心情じゃないの？　それは浪費なのに！〉

実際、サンダルを買うことがちっともうれしくなかった。このまま買ってしまえば後悔するのは目に見えていた。すぐさまカードを引っ込めて、何も買わずに店を出た。意外にも、その瞬間、**ハビング〈Having〉**を感じていたのだ。何も買っていないのに、体は爽快で舞い上がりそうだった。軽い足どりでデパートを出ながら、私は思った。

〈買わなくて本当によかった。あのまま買っていたら、今ごろ散々な気分になっていたはずだわ〉

運よく、さらにいいチャンスがすぐに訪れた。パリに発つために空港へ行ったときのことだった。免税店のショーケースにとても気に入ったサンダルがあった。低めのヒールに小さなリボン、どんな服にも合わせやすい黒いサンダルだった。おまけに三〇パーセントオフのセールをやっている！　ディスカウントされれば三〇〇ドルほどの値段だった。

すぐに足を靴に入れて、自分の姿を鏡に映してみた。あ、ぴったりで気に入った！それは十分に満たされた幸せだった。買っても大丈夫だと、安心して確信をもてた。

次は喜びを心から感じながらカードを出す番だった。サインをしてレシートを受け取ると、それがあたかも何かの証明書のように感じられた。自分の好きなものを買えるという、自分がかなえたい未来に投資できるという証明だ。

ハビング〈Having〉を知る前の私だったらどうだっただろう。おそらくお金を使ってもこんなにうれしくはなかっただろう。どうしても必要なものでなければ、まず罪悪感があっただろうし、買ったあとも、しばらく自分を恨んでいたはずだ。無駄な衝動買いをしたと言いながら。

ところが、**ハビング〈Having〉**をやってからは、もはや自分の決定に不安になったり、気が重くなったりしなかった。

気づいたことがもう一つある。サファイアカラーのサンダルを買うかどうか迷ったときとは、まったく気分が違っていたのだ。緊張で頭がズキズキしたあのときとは違って、今回は気が楽だった。本当に欲しいものがわかったからだろうか。体に新鮮なバイタリティもみなぎった。

「ご搭乗のみなさま、この飛行機はまもなく離陸いたします」

アナウンスを聞きながら、広くてふかふかのビジネスクラスのシートに背中をもたれかけた。体がシートに溶けそうだった。ああ、すっかり本物のお金持ちになったような気分だ。

16 新たなキーワード

百年の歴史があるというパリのホテルで、私はソユンを待っていた。クラシックなヨーロッパスタイルの家具にワインカラーのカーペット、華やかなシャンデリアまで。豪華絢爛なホテルの貫禄の前でも、私は圧倒されることがなかった。足元の黒のサンダルだけを見ていたからだ。足を前や横に持ちあげてみた。どこから見ても気分がよかった。

そのとき、聞き慣れた声がした。

「とても気分がよさそうですね」

うれしさでぱっと笑顔になって振り返った。ソユンが私の前にほほえみながら立っていた。シースルーのクリーム色のブラウスに花柄のマーメードスカートといういでたちだった。ピンクとコーラルが混ざったようなトーンの上品なメイクが彼女の魅力を引き立てていた。

「ええ、お金ってすごくいいなと思っていたんです」

あいさつもそこそこに、そんなことを言ってしまった。礼儀知らずと思われそうで気になったが、ソユンは声に出して笑い、軽快なトーンで同意してくれた。

「ホンさん、**ハビング〈Having〉**を始めたんですね！」

遅れてあいさつを交わしたあと、私たちはインタビューと対話のために客室に向かった。昔の映画に出てきそうな鉄格子状のエレベーターに乗ると、ガタゴトと揺れた。

その音に驚いたあまり、体が自然にすくんだ。そんなふうにびっくりした自分がおかしくて、私たちは向かいあってクスクス笑った。昔からの友達に会ったようにくつろいでいた。

彼女が宿泊しているスイートルームに入ると、窓の向こうに遠くエッフェル塔が見えた。無駄のないすっきりとしたリビングには、赤いビロード張りのひじ掛け椅子とベージュのモダンなソファが置いてあった。どこに座ろうか迷ったが、ソファにそっと腰掛けると、ソユンも私の向かいに座った。

席につくと、私は**ハビング〈Having〉**をやったことについて次から次へと話していた。コーヒー専門店で**ハビング〈Having〉**をやろうと決心したその日の話から、税金の通知書がきたこと、空港で靴を買ったことまですべて。ソユンは私の話を聞きながらにっこりしたり、うなずいたり、ときにはくつろいでソファにもたれてコーヒー飲んだりしていた。全面的に私の味方であるかのような彼女のおかげで、自然と楽しい気分になっていった。

「**ハビング〈Having〉**をやるほど私の感情も変わっていきました。以前はお給料が振り込まれたのを見ても、いつも足りない感じがしていました。お金を使うときは、何か悪いことをしているような気がつねにしていたし。それが、今は小さな買い物でもとても気分がいいんです。お金がこんなふうに楽しさを与えてくれることを以前はどうして知らなかったのでしょう。ハビング〈Having〉の秘密をさらに知りたいと思っています。ハビング〈Having〉をすると、さらにたくさんのお金が入ってくる、と、その理屈を知りたいのです」

ソユンは頭を軽く傾けた。何か一生懸命考えている表情だった。どうやったら簡単に説明できるか、考えているようだった。何秒かして、彼女が再び私を見た。目が輝いていた。

「ホンさんと人工知能〈ＡＩ〉がここに並んでいます。どちらも同時にショッピングをするとして、比べてみましょう。ネットで検索して、何を買うか決めて、購入手続きまで済ませたとしたら、この過程でお金持ちに一歩近づくのはどちらでしょう？ホンさんでしょうか、それともＡＩでしょうか」

「物を買う過程を通してお金持ちになるのはどちらかという質問ですよね」

「そうです、理解が早いですね」

テレビで見た囲碁の対局を思い出した。人間とＡＩが対決するその勝負で、全員がプロ棋士の勝利を予測していた。ところが、結果はＡＩの圧勝だった。数多くのパターンを調べあげ、もっとも有利な選択をするＡＩを負かすのは簡単ではなかったのだ。対局が終わるとマスメディアは否定的な言葉ばかり並べたてた。今後、ＡＩに雇用を奪われるだろう、人はますます貧しくなり、富は一部の特別な人にだけ集中するだろう……。憂鬱で心配な予測ばかりだった。

「勝ったのは人工知能ではないでしょうか。お金がいくら残っているか、自分が何を持っているか、検討してから、いちばん必要なものを最安値で買うでしょうから。合理的で効率的な消費をするのではないでしょうか。反対に人間は衝動的で感情的だから、完璧な判断ができないと思います」

私の言い分を聞いていたソユンが朗々とした声で言った。

「いちばん重要なキーワードを見つけ出してください」

まともに答えられなかった気がするのに、キーワードだなんて、と思わずうろたえてしまった。

「ええと、効率的な消費ですか、それとも、最安値で買うことでしょうか」

「キーワードは〝感情〟です」

「感情ですか？　人は感情に振り回されるから、ＡＩに勝つのは難しいと思っていました」

ソユンがゆっくりと首を横に振った。

「あまり知られていないことですが、感情というのは現実を変化させる力をもつ貴重なエネルギーです。しかも感情のエネルギーは生命力と結びついています。どんな人口知能も表現をまねるだけで、実際の感情エネルギーを持つことはできません。ですが、感情をうまく活用すれば、富をもたらしてくれる大もとになってくれるのです」

一度聞いただけでは理解できなかった。意外に思った。感情が私たちをお金持ちにすることができる？　確かめるようにもう一度訊いてみた。

「それは本当なのですか」

改めて強調するように、ソユンが大きく目を見開いて言った。

「そうです。**自分の状況を変えることができるカギは、思考ではなく感情です。**これまで科学技術の発達で、私たちは理性の力を盲信してきました。ですが、理性に支配される社会の付属品になることなく、主体的によりよい未来を拓くことができる秘密が、まさにその〝感じ方〟にあるのです。自分の感じ方で富を創造すること、それこそが**ハビング〈Having〉**なのです」

グルの言葉

・感情というのは、現実を変化させる力をもつ貴重なエネルギーです。しかも感情のエネルギーは生命力と結びついています。どんな人口知能も表現をまねるだけで、実際の感情エネルギーを持つことはできないのです。ですが、感情をうまく活用すれば、富をもたらしてくれる大もとになってくれるのです

・自分の状況を変えることができるカギは、思考ではなく感情です。これまで科学技術の発達で、私たちは理性の力を盲信してきました。ですが、理性に支配される社会の付属品になることなく、主体的によりよい未来を拓くことができる秘密が、まさにその〝感じ方〟にあるのです。自分の感じ方で富を創造すること、それこそが**ハビング〈Having〉**なのです

事例——器を満たす

一億ドル相当の不動産を所有するお金持ちがソユンのもとを訪ねてきた。苦しい家庭環境で成長した彼は、事業で儲けたお金を不動産に投資し、大きな富を築いた人だった。どれだけ土地を多くもっているのか、彼の所有地に足を踏み入れずには故郷の村を通れないと言われるほどだった。そのお金持ちがこんな悩みを打ち明けたのだった。

「先生、故郷にある土地を処分したいのですが、ちっとも売れないのです。思うようにならずに最近は食欲もありません。ただ同然でも売ったほうがいいのでしょうか」

ソユンは余裕のあるほほえみを浮かべて答えた。

「いいチャンスがめぐってきていますね」

「土地が売れなくて苦しいだけなのに、いいチャンスとおっしゃるとは……どういう意味かわかりません」

居ても立ってもいられない彼に、ソユンは静かに、きっぱりと言った。

「財運の器の百パーセントを活用するチャンスが訪れたのです。おめでとうございます」

お金持ちの顔に生気が戻ってきた。彼は慌てて尋ねた。

「では、どうすればいいのでしょうか」
「今から半年以内にその不動産を売れば大金を逃すことと同じです。必ず半年待ってから売買してください。そうすれば今考えている一・五倍以上のお金を儲けることができるでしょう」
「わかりました。あと半年待ってみます」

「もともと大きなお金が入ってくる前は、お金の流れが少し滞るものです。たくさんの車が狭いトンネルに入る前に、少し道がつまる、ボトルネック現象に似ています。それで思うようにならないと感じがちなのです。でも、この時期をうまくやり過ごすことで、トンネルを通過したあとに、何倍ものお金を稼ぐことができるのです。待っているあいだ**ハビング〈Having〉**をしっかりやれば、器にあふれるほどになるでしょうが、そうでなければ器の半分程度にとどまるでしょう」

一年が過ぎて、そのお金持ちが明るい笑顔でソユンを訪ねてきた。

「先生、ありがとうございます！　土地の周辺が開発されるという話です。価格が急騰して予想の三倍で売れました」

ソユンがにっこり笑って応じた。

「よかったですね。**ハビング〈Having〉**を通して、それだけ内面の力をうまく調整した結果です。その心構えを忘れなければ、今後もさらに勢いに乗っていけるでしょう」

17 感情の力

目の前に、新しい扉が開けたようだった。豊かさのカギが、感情だったとは。あれほど探し求めていた青い鳥が、自分の心の中にあったということではないか！　その言葉は受け継いだ財産や天才的な頭脳、優れた技術力やずば抜けたアイデアがなくても、お金持ちになれるという意味だった。私は興奮を隠せずに質問した。

「どんな感情のことをおっしゃっているのでしょう？」

ソユンは穏やかにコーヒーを一口飲むと、一言ひとこと、心に刻みつけるように話してくれた。

「今、ホンさんの心の中に最も自然に起きている感情です」

心臓がドキッとするようだった。私が感じていることに対して誰かが関心を向けてくれたことなど、いったいいつ以来だろう。

じつは私にとって、感情というのはぜいたくなものだった。ある人はジャングル、ある人は戦場だというこの世の中、感情に振り回されるほど、競争に不利になっていくような気がしていた。そう考えていたので、心で感じていることもわざと見ないふりをしていた。そうすればそうするほど、自分自身の感情もだんだんとロボットのように鈍くなっていった。そんな自分を他人のように感じたのは、父が亡くなったときだった。間違いなく胸が張り裂けそうにつらいのに、まったく涙が出てこなかった。自分でも驚くほど沈着冷静だった。ここまで思い至ると、気持ちが沈んだ。

「これまで、感情は抑えなくてはいけないものだと思っていました。父を失ったのに悲しみに暮れなかったのも、そのためだったのでしょう。思えば、誤った思い込みだったんですね」

ソユンが私をなぐさめるように言った。

「現代に生きる私たちは、生存のために毎日、激しい闘いを繰り広げています。私たちは、理性だけがこの世の中を渡っていくための武器だと洗脳され、自分の感情を表に出さないように仮面をかぶっています。ところが、今の状況を抜け出して、さらなる高みへと導くカギは、じつは私たちの中にあるのです。その答えが感情です。感情は、生まれたときに宇宙がプレゼントしてくれたエネルギーなのです」

説明を聞くと、気になることが次々と思い浮かんだ。

「感情のパワーについて私はよく知らなかったようです。それはどんな原理で働くものなのですか」

質問を予想していたというように、ソユンは座り直してこう言った。

「量子物理学について、聞いたことがあると思います」

ソユンの話を聞いて、あとでこの内容について調べてみた。一部の量子物理学者によれば、物質は固いものではなく、波動や粒子として存在している。物質というのは、該当の位置にそれがある確率にすぎず、その場に固定されたものではないという話だ。それがどこにどんな形で存在するか決定づけるのも観察者である私たち自身だ。つまり、私たちが意識したとおりに物質がつくり出され、私たちが決心したとおりに目の前の世界が変わるということだった。だが、ソユンと対話しているときは、そうした内容を知る前だったので、ただお茶を濁すしかなかった。

「用語は聞いたことがありますが、正確にどういう意味かは……」

ソユンはテーブルの上のコップを軽く持ちあげた。水が半分ほど入った透明なコップだった。

「ホンさん、このコップは、はたしてここに存在しているでしょうか」

「コップはそこにあるように見えますが……あとは……」

だんだん自信がなくなって、思わず声が小さくなっていった。

「これまでの物理学の視点で見れば、ホンさんとコップはそれぞれ独立して存在しています。互いに影響を与えません。ところが量子物理学の観点から見ると、コップの位置はホンさんと深い関係があります。そこにあると認識するから存在しているに過ぎないのです。別の言い方をすれば、あらゆる物質の位置は、そこに存在するであろう確率的な分布です」

説明を反すうしながら、ゆっくりと推測してみた。

「認識によって変わるのであれば……考えが物質を変えることができる……という意味でしょうか」

よく理解したというようにソユンはうなずくと、手を伸ばしてテーブルの上のクッキーをつまみあげた。チョコチップとスライスアーモンドが入っていた。

「ホンさん、クッキーを作ったことがありますか？」

私も一つつまんだ。まだ焼き立てのようで、手の中でふわふわした。

「はい、お菓子作りは好きです。週末は子どもと一緒にクッキーをつくります。お菓子がこんがりと焼けるのを見ると、なんだかほっこりするんです」

「では、今からクッキーをつくると思ってください。手で生地をこねるのをはっきりと感じてみてください」

目を閉じて想像してみた。やわらかい小麦粉の生地が手に触れるようだった。生地を少しずつ取って、子どもと一緒に丸めたりハートの形にしたりした。キャッキャッという笑い声が耳元に広がるようだった。口元には自然と笑みがこぼれた。

私の顔を見て、彼女もほほえましそうにしていた。そして、オーケストラを率いる指揮者のように、再び対話を導いていった。

「私たちの未来は小麦粉の生地と同じです。さまざまな可能性として存在するのです。私たちが観察して認識して感じるエネルギーが、生地の形をつくるのです。そして完成して固まったものが、私たちの目の前の現実になります。つまりクッキーをどんな形にして焼き上げるかは、私たちの手にかかっているということなのです」

「わかりました。その感情こそが**ハビング**〈**Having**〉ということなのですね。お金をもっているという喜びですね。**ハビング**〈**Having**〉をすれば豊かな世界が私たちの前に広がるということになりますね」

「まさにそのとおりです。私たちは自分を取り巻く世界を自分で変えていけるのです。なぜなら未来を創りだすエネルギーをもった存在だからです。感情という武器の使い方をきちんと身につけさえすれば、ということです」

「私たちが観測するのは自然そのものの姿ではなく、私たちの探究方法で明らかになった自然の姿だ」

——ヴェルナー・ハイゼンベルク

「数年前、イタリアのモンツァの市議会は金魚鉢で金魚を飼うことを禁止した。屈折した金魚鉢に入れられた金魚が歪んだ形で外を見るのは残酷だという理由だった。だとすれば、私たちが歪んでいない本当の現実を見ていると、どうやって証明できるのだろう。ひょっとすると私たちも巨大な金魚鉢に閉じ込められて、巨大なレンズで屈折した世の中を見ているのではないか」

——スティーヴン・ホーキング『ホーキング、宇宙と人間を語る』

≫ グルの言葉

・今の状況を抜け出して、さらなる高みへと導くカギは、じつは私たちの中にあるのです

・その答えが感情です。感情は、生まれたときに宇宙がプレゼントしてくれたエネルギーなのです

・私たちの未来は小麦粉の生地と同じです。さまざまな可能性として存在するのです。私たちが観察して認識して感じるエネルギーが、生地の形をつくるのです。そして完成して固まったものが、私たちの目の前の現実になります。つまりクッキーをどんな形にして焼き上げるかは、私たちの手にかかっているということなのです

・私たちは自分を取り巻く世界を自分で変えていけるのです。なぜなら未来を創りだすエネルギーを持った存在だからです

事例――ターンアラウンド

衣料ブランドの輸入を手がける四〇代の事業家がある日、ソユンを訪ねてきた。数百万ドルかけてレストランのチェーン店を始めたが、一年すぎても利益が出ないという。全財産を失う夢を見るほど、ストレスを受けていた彼がソユンに解決策を求めた。

ソユンが尋ねた。

「ふだんお財布に現金はいくら入れて持ち歩いていますか」

「二〇ドルとクレジットカード一枚です」

彼には子どものときお使いに行って大金を盗まれた経験があった。そのことで母親に叱られてから、お金を持ち歩くのが怖くなったという。

「誰かにもっていかれるんじゃないかと不安で、現金は多く持ち歩きません。外に出ると財布にお金があるか、しょっちゅう確認してしまうので」

ソユンはうなずいてから、静かに言い聞かせた。

「お財布に一万ドルを入れて、一カ月だけ過ごしてください」

「えっ？　そんな大金ですか？　想像つかないほど大きな額ですが……」

「大きすぎると感じるなら千ドルから始めてみてください。それから少しずつ額を増やしていくのです。あわせてお金に対する自分の感情の変化も感じてみてください」

ソユンを信頼する事業家は、そのアドバイスをすぐ実行に移した。

初日は千ドルを財布に入れた。急に大金を持ち歩いたので、道を歩いていても、何度も財布を開けてみるくらい不安な気持ちになった。ところが時間が経つと、次第にその大金も平気になってきた。そのたびに額を増やし、ひと月経ったころには、一万ドルを持ち歩けるようになった。

「〝ある〟という感覚に慣れてくると、不安が消えていきました。むしろ、それだけお金がポケットにあると思うと、心強くて安心できました」

お金に対する感情が変わっていくと、現実にも変化が訪れた。財物に対する漠然とした不安が消えると、以前は見えていなかった事業のチャンスをつかんだのだ。二カ月経つと、会社の売り上げが増加し、損益が改善され始めた。ついに該当事業が損益分岐点を超えた月、黒字額はぴったり一万ドルだった。

18 ハビング〈Having〉の信号

自分の目の前にある世界を変えることができるなんて。それも自分の内面にある感情で！　心臓がドキドキしてきた。

考えてみると、聞き慣れない話ではなかった。正確な原理はわからないが、みんな似たような経験を打ち明けてはいなかったか。教授、公務員、ＣＥＯなどと夕食を食べたときのことだった。出席者の一人が自分の経験を話し始めた。

「二週間前のことです。信号待ちをしていたら、後ろの車にぶつけられたんです。バンパーに軽く傷がついたんですが、たいしたことはなかったんです。それで、事故を起こした本人に、そのまま行っていいと言ったんです。そしたらやけに感謝されて、やたらと気をよくしていたんです」

彼は話を続けた。

「一週間ほど過ぎたころでしょうか……駐車場でバックしていたら今度は自分が後ろの車にぶつけてしまって。ところが、出てきた車の持ち主はバンパーを手ですっすっとなでると、そのまま行っていいと言うんですよ。そのときわかったんです。私が気遣ったとおりに、世の中もそれをそのまま返してくれるのだと」

ソユンの話を聞いたからだろうか。すぐに理解できた。その人も感情を使って自分の目の前の世界を変えたのだ。

最近、私も似たような経験をした。予期せぬお金がどんどん入ってくると感じる時期があった。ずいぶん前に貸したお金が突然戻ってきたり、何カ月分もの出張費が一度に入金されたりしたのだ。忘れていた数百ドルを引き出しの奥に発見したこともあった。数年前に海外旅行で残してきたお金をすっかり忘れていたのだ。

じつはふだんは私の口座には残高がほとんどなかった。余裕のお金ができると、そっくり貯金したり貯蓄年金にまわしたりしていたせいだった。ところが少し前から通帳に二千万ウォンが入っていた。学費ローンの返済用に入金しておいたお金だった。理由があって入れてあるお金だったが、残高を確認するたびにお金持ちになったようで気分がよかった。今思うと、あのとき立て続けにお金が入ってきていたのは、私が通帳を見るたびに〝ある〟という感情を感じていたせいかもしれなかった。

再びソユンの話に集中する時間だ。テーブルの上にコーヒーカップを置いた彼女が両手の指を組んで私を見ていた。大事な話をするときの姿勢で、私はいくぶん緊張した。

「そろそろハビング〈Having〉の信号についてお話ししましょうか」

「信号ですか?」

「ええ。青信号では道を渡って、赤信号では止まりますよね。ハビング〈Having〉の信号も似たような原理です。消費するとき、ハビング〈Having〉なのかそうでないのかを見分ける方法です。青信号だと感じたらそのままお金を使い、赤信号だったときには行動を止めるのです」

興味をかきたてられる話だった。いざハビング〈Having〉をやってみると、自分の内から送られてくる信号は、つねにはっきりとしているというわけではなかった。買うべきかやめるべきか、こんがらがることも多かったのだ。それを見分ける方法を教えてくれるというのだから、うれしくないはずがない。

「青信号と赤信号はどうやって区別するのでしょう」

「すでにハビング〈Having〉の信号は使っていらっしゃいますよ。デパートで靴を選んだけれど買わなかったお話をしてくれましたよね。そのときにちょっと戻ってみましょうか。靴を買おうとしたときはどんな気分でしたか」

「買っていいのかなあという感じで……それに緊張しました。後ろから頭を引っ張られているみたいでした。それで靴を置いて、手ぶらで出てきたのです」

「まさにそれが**ハビング〈Having〉**の信号なのです。赤信号が灯ったのです。それはやめなさいという信号です。ギャンブルをする人を見たことはありますか」

「ホテルのカジノの前を通ったときに見ました。顔をしかめてタバコばかり吸っていました」

「その中に、穏やかそうな、余裕がありそうな人はいましたか」


私は即座に首を横に振った。


「いいえ。その反対でした。顔の表情も暗くて、肩もすぼめて緊張した様子でした」

「そうなのです。それは緊張と気まずさです。心の声とは違う行動をとっているので、体と心がゆったりできないのです。そういう信号を感じるとき、**ハビング〈Having〉**の信号は何色だと思いますか」

「赤信号ですよね！」

赤信号は、緊張と気まずさ、不安と心配だった。私は続けて質問した。

「では、青信号はどんな感じなのでしょうか」

「自然な感じと穏やかさです。考えてみてください。本当の自分の望みに従うので、ごく自然なのです。水が流れるように楽に流れていくのです」

黒いサンダルを買ったときを思い出した。全身が軽くなって飛んでいくような気分だった。緊張がゆるんで手足がほかほかする感じもしていた。とても穏やかだった。そう言われてみると、自分の心と体が答えを知っているように思えた。

ぱっと靴を見下ろした。かわいらしいリボンの飾りが輝いていた。心が湖のように穏やかになった。静かな喜びが波のように体に広がっていく。

「ええ、その違い、わかります。これを買ったときはたしかに青信号でした。そのうれしさがまだ残っているんです」

ソユンがにっこりしながら、右手の人差し指と中指を上に向けて、残りの指を握った。そして中指の側を前方に向けた状態で、その手を右目の前にもっていった。私もその動作をまねて訊いてみた。

「これはどういう意味なのですか」

「**ハビング〈Having〉**の信号を使うとき、この動きをしてみてください。人の体内のエネルギーは額から鼻、口につながる体の中心に沿って移動します。お金の流れがこの指を伝って頭から足先までつながると感じるのです。各界のリーダーの集まる席で、このポーズをお伝えしたところ、多くの方が信号を判別するのに役に立つと言っていました」

「なるほど！　**ハビング〈Having〉**モーションですね」

会話を切りあげる時間がきていた。両手をそろえてひざの上にのせたまま、ソユンは詳しく教えてくれた。

「**ハビング〈Having〉**は私たち自身が〝本当に〟欲しいものを〝存分に〟味わえるようにしてくれます。内面の声に従うとき、自然さと穏やかさをもっとも感じることができるのです。ところが、誤った固定観念や世の中のさわがしい雑音のせいで、その声をきちんと聞くことなく生きているのです」

彼女の説明が続いた。

「ハビング〈Having〉の信号は内面の声を教えてくれます。答えは自分が知っているのです。初めは少し慣れないかもしれません。でも、ハビング〈Having〉をやることで、視線を自分の内面に向けつづけてください。そうすれば、心の中の小さな安らぎ、小さなあたたかみが、だんだんはっきりとした感じに大きくなっていくでしょう」

やれるだろうという強い確信をもった。ちょっと驚きもした。私がこうして自分を信じられるようになるなんて、精神的な指導者からインスピレーションを得るというのは、こういうことなのだろうか。私は自信をもって答えた。

「ええ。ハビング〈Having〉の信号を使って、その感覚を少しずつ育ててみます！

そんなに難しくないような気がします」

≫ グルの言葉

・ハビング〈Having〉の信号を利用してみてください。青信号だと感じたらそのままお金を使い、赤信号だったときには行動を止めるのです

・赤信号は、緊張と気まずさ、不安と心配です

・青信号は、自然な感じと穏やかさです。考えてみてください。本当の自分の望みに従うので、ごく自然なのです。水が流れるように楽に流れていくのです

・ハビング〈Having〉は私たち自身が〝本当に〟欲しいものを〝存分に〟味わえるようにしてくれます。内面の声に従うとき、自然さと穏やかさをもっとも感じることができるのです

・ハビング〈Having〉の信号は内面の声を教えてくれます。答えは自分が知っているのです

・初めは少し慣れないかもしれません。でも、ハビング〈Having〉をやることで、視線を自分の内面に向けつづけてください。そうすれば、心の中の小さな安らぎ、小さなあたたかみが、だんだんはっきりとした感じに大きくなっていくでしょう

グルのストーリー――嵐が吹きつける

「お姉ちゃん、大変だよ。借金取りが押しかけてきて、家が大騒ぎになってるの。どうしたらいいの?」

〈ついにくるべきものがきたのね〉

べそをかく妹の声を聞きながらソユンは思った。大学一年の年、アジア通貨危

機で父の手がけていた事業が不渡りをくらったのだ。家に戻ると家の中は修羅場になっていた。債権者たちが押しかけて大声で叫び、どの家具にも差し押さえの赤い紙が貼られていた。

じつはソユンはこうした状況をすでに予測していた。

「お父さん、二年後に事業が危なくなります。前もって準備しておくほうがいいと思います」

何度か話をしたが、父は事業にのめりこみすぎてソユンの言葉に耳を傾けなかった。

「何を言うのだ。今、研究開発の真っ最中で、仕事も着々と進んでいる。心配せずに勉強に集中しなさい」

父が耳を貸さないので、どうすることもできなかった。

めちゃくちゃになったリビングで家族は絶望に陥っていたが、ソユンだけは一人落ち着いていた。その姿に家族は驚き、彼女を頼った。失意に暮れる母と妹を元気づけたのもソユンだった。

「こういうときほど心を鎮めることが大切です。そうすればことは簡単に解決します。すぐに助けてくれる人が現れて、問題も解決されるので、心配しないでください」

飄風は朝を終えず、驟雨は日を終えず
飄風不終朝、驟雨不終日、老子

ソユンはよくわかっていた。ピンチになっても心さえ鎮めれば大きな幸運が訪れるということを。家を担保に八つも裁判にかけられていて、経済的にも苦しい状況だったが、ソユンのおかげで家族も元気を出すことができた。ソユンも家の厳しい事情を表に出すことなく、大学生活に打ち込んだ。

翌年、彼女は重大な決心をすることになる。自分の運勢に現れている大変なことをすべて経験しようと決めたのだ。苦しむ人たちの気持ちを自分でも感じ、近づくために、考え抜いた方法だった。代表的なのは悪縁も拒まずに受け入れることだった。そのために近しい友人に裏切られる経験もし、元恋人のストーカー被害にもあった。仕事がうまくいかない時期にわざとオファーを受け入れ、避けられたはずの挫折を味わったりもした。

大変だろうとはわかっていたものの、その苦しみばかりは本物だった。体重が四〇キロまで落ちるほど、つらい日々だった。それでもどんなにつらくてもソユンが手を抜かないことがあった。心の勉強だった。彼女は毎日のように自分の感じたことと対応の仕方をすべて記録し振り返った。この過程でソユンは具体的に気づくことができた。いかに決心するかによって、いくらでも試練から抜け出せるということを。もう一歩踏み込んで、人々の痛みを抱きとめる方法についても、さらに考えさせられた。思い返せば、どれも本では得がたい貴重な学びだった。

数年が経ち、父の事業の問題は無事に解決した。母は危機を踏み台にして、一家をさらに大きく繁栄させた。ソユンも健康を取り戻した。困難を経て、彼女はより強く、深みを増した。新しい時代を迎える準備が整った。

Part Ⅳ

不安から解放されるには

19 赤信号

街はすっかり暗くなっていた。私はホテルには向かわずに、セーヌ河岸を歩き始めた。星のように輝くエッフェル塔を背に、ライトを灯した遊覧船が通りすぎていった。ベンチで愛をささやきあう恋人たち、のんびりと河岸を散歩する中年夫婦も目に入った。私もパリの夜景を満喫しながらゆっくりと歩いていた。この瞬間を生きることがすべてを変える。それが**ハビング〈Having〉**をやりながら新しく学んだ教訓だった。

歩きながら自然とソユンのことを思い浮かべた。最初は神話の主人公の話を聞いているようにしか思えなかった。六歳のときに幸運をもたらす運命であると祖母に知らされ、一〇代で古典をマスターし、二〇代にはお金持ちたちが従う預言者になる……まるで物語にでも出てきそうな話ではないか。しかも実際に会ってみた彼女は、別世界からやってきたような神秘的で魅惑的な女性だった。だからなおのこと、近寄りがたい印象があった。

でもそれは誤解だと気づくのに、そう時間はかからなかった。近くで見るソユンは誰よりも心のあたたかい思いやり深い人だった。私の些細《ささい》な感情まで丁寧に見つめ、平凡な私を世界一大切にもてなしてくれた。会えば会うほど、深く感動させられる人だった。記者として多くの人に会ってきたが、これほど相手を尊重し、気を配ってくれる人柄に触れたことはなかった。

ときどき彼女のプライベートが気にもなった。世の中のあらゆることを洞察する人生は孤独ではないのか、結婚する気はないのか、普通の人のように趣味はあるのか……いつかもう少し近しくなれたら、そんなことを訊いてみたかった。

そのとき、携帯が振動した。お気に入りのショッピングサイトからセールのお知らせが届いた。はたと思いついた。さっき教わったばかりの**ハビング〈Having〉**の信号を使ってみよう！　急いでホテルに戻り、すぐにパソコンの前に座った。サイトに接続すると、気になっていた服がセール価格で売っていた。七〇、いや八〇パーセントオフにまでなっている！　一着分の値段で四、五着は買えるのだ。自然と鼻歌まじりになった。

〈アイボリーのシルクのブラウス四〇ドル……これは仕事用で黒のスカートと合わせればいいかな。グレーのコットンワンピースは六〇ドル。子どもと公園に行くときにちょうどいい。夜はこの三〇ドルのパジャマでリラックスしよう〉

次は**ハビング〈Having〉**の信号を使ってみる番だ。右手の人差し指と中指を顔の前にもってきた。すると、胸の奥深くに喜びを感じた。この指を伝って、全身にエンドルフィンがめぐるようだった。間違いなく青信号だった。私は満足して決済ボタンをクリックした。

そうしてショッピングを終えようとしたときだった。突然、首の後ろを誰かにつかまれたかのようだった。そうだ！　ついでに来年着る服もそろえておこう。サイトに戻ってみると、シーズンオフの冬服もセール中だった。特別気に入ったものはなかったが、さらに商品を調べてみた。なかなかこんなセールはないからだ。

〈この赤いセーターは目立ちすぎるかな……でも安いし、とりあえずカートに入れておこう。この白いシャツは似たようなのがあるけど……とりあえず買っておこうか。三枚買っても一枚分の値段なんだから〉。クリック、クリック、服を手当たり次第にカートに入れて、時計を見るとセール終了時間が迫っていた。〈まあいいか。こんな機会めったにないから買ってしまおう〉。時間に追われて、ついボタンを押してしまった。

ところが、どうもおかしかった。針でぷすぷすと刺されるみたいに、嫌な気分がしてきたのだ。肩と首はがちがちで、不快な緊張感もあった。もしやと思い、**ハビング〈Having〉**の信号を使ってみた私は、大声で叫んだ。

「赤信号だ！」

もう一度、注文履歴を開いてみた。一回目と二回目の注文を比べれば違いは明らかだった。最初に選んだアイボリーのブラウス、グレーのワンピース、そしてパジャマはたしかに青信号だった。写真を見ると気持ちがなごみ、満足感があった。ところが、赤いセーターと白いシャツはその逆だった。写真を見た瞬間、うんざりして胸がむかむかした。

自分の感情を確認すると、もはや迷う必要はなかった。慌てて二回目の注文をキャンセルした。キャンセルボタンを押したと同時に、肩にのしかかっていた圧迫感が消えるようだった。穏やかな湖の上で寝そべっているように、体と心が安らいだ。これこそ**ハビング〈Having〉**の感覚だった。


翌朝、窓の外に降り注ぐ、パリの太陽の日差しを楽しみながら、コーヒーとクロワッサンの朝食をとった。クロワッサンをちぎって口に入れると、口の中で「サクッ」とくだけた。深く香ばしいバターの風味が口全体に広がった。私は気分よく食事を終えると、軽いステップでホテルを出た。早くソユンに会って、**ハビング〈Having〉**の信号を使ってみたことを話したい。

ふんわり膨らんだ気持ちのまま、ソユンの宿泊するホテルのロビーに立っていた。ところが、いくら待っても彼女は現れなかった。フロントから部屋に電話をかけてもらっても、呼び出し音が鳴るだけで何の応答もなかった。ちょっとおかしい。断りなく約束を破るような人ではないのに……。ふと不安な予感が脳裏をよぎった。私はホテルのスタッフに事情を説明し、一緒に彼女の部屋へと上がっていった。スタッフがドアをノックしたが、部屋はしんとしていた。得体の知れない不安に、胸がドキンドキンと鳴りだした。

スタッフは、どこかに電話をかけ、ポケットからルームキーを取り出し、そのままドアを開けた。急いで部屋に駆けこむと、誰かが倒れているのが見えた。かぼそい腕と足、顔や首にかかっているダークブラウンの髪……ソユンだった。

20 真の穏やかさ

必死で名前を呼びながらソユンの肩を揺すった。できることがあれば何でもしてあげたかった。昨日まで一緒に会話していながら、ここまで体調が悪いことに気づかなかったなんて……無自覚だった自分を責めずにはいられなかった。自分の声に泣き声が混じり始めたころ、ソユンがゆっくりと目を開けた。

「大丈夫ですか。私が誰だかわかりますか」

彼女がかすかにうなずいた。救急車を呼ぶかと訊くスタッフに、ソユンはゆっくりと首を横に振った。そして聞こえるか聞こえないかの小さな声で言った。

「お水……もらえますか」

私が慌てて持ってきた水を一口飲むと、ソユンは難儀そうに体を起こし、ベッドに横になった。今にも壊れてしまいそうな、はらはらとする姿だった。〈どうしたらいいんだろう。すぐに病院に行ったほうがいいのでは？〉。おろおろしている私に、ソユンはうっすらとほほえみながらこう言った。

「大丈夫ですから……」

私を安心させようと、無理に力をふりしぼっているようだ。こんなときまで相手を気遣ってくれている。私は一人で休んでもらったほうがよさそうだと判断し、また夜来ますという言葉を残してホテルを出た。そして、あてずっぽうに歩き、たどりついたのが美術館だった。絵画や彫刻作品を眺めながらも、私の心はずっとほかの場所にあった。ソユンの体調が気がかりだった。

ソユンは私にとって、無限のエネルギーを与えてくれる太陽のような存在になっていた。彼女の教えによって私の体と心は充電されていた。だが、実際には、彼女は自分が持っているものを他人に分け与えることで、あまりに多くのエネルギーを使いすぎていたのではないか。ソユンという一人の人間に重すぎる荷物を背負わせているのではないか。そう考えた私は美術館をうろうろしながら何度も誓った。その貴い心に必ず恩返しをしようと。

夕食の時間が近づくころ、私はソユンのいるホテルに戻った。ほどなくソユンが満面の笑顔で現れた。朝倒れていた人とは思えない、明るくゴージャスな姿だった。でも私の心は晴れなかった。私に心配かけないよう無理をしているのではないかと気になったのだ。そっと彼女の意向を尋ねてみた。

「もう少しお休みになったほうがいいような気がします。私はこのまま韓国に戻ってもかまいません」

ソユンがやさしく答えた。

「こうして周りに心配をかけることがいちばんこたえます。このままホンさんを返してしまったら、自分を責めてしまって、もっとつらくなるでしょう」

想像もできない強靭な精神力が彼女を支えているように見えた。その意思を尊重するほうが彼女のためでもあるようだった。私たちは**ハビング〈Having〉**についての話を続行することにした。メニューを見て料理をオーダーしたあと、私は前日**ハビング〈Having〉**の信号を使ったことを打ち明けた。

「二回目の注文のあと、気分がもやもやしたんです。それですぐにキャンセルしました。それが赤信号だったのでしょうか」

「それがホンさんのすばらしいところです。私が話したことを理解して、すぐに実行に移すところが。ええ、よくやりましたね。おっしゃるとおり、それは赤信号です。自分で答えを知っていたということです」

穏やかなあたたかい笑顔は、私を励ますようだった。

「ハビング〈Having〉のポイントは穏やかさです。真の穏やかさとは、自分の魂が望むことと行動が一致したときに感じられる感情です。水の流れに自然と体を預けて浮かんでいる感じです。この感情こそが、私たちをお金持ちに導いてくれる信号なのです」

彼女の一言ひとことを心に刻みながら、私はゆっくりとうなずいた。静かな水の上に浮かんで流れていく感じ、それが穏やかさだった。

ふと思いついたように、ソユンが訊いた。

「ホンさん、お財布にお札があったら、一度出してもらえますか」

二〇ユーロ数枚を取り出すと、彼女が質問を続けた。

「このお金に、落ち着かない感じがしますか？」

「いえ、ふだんもこの程度、持ち歩いているので」

さらに答えを引き出そうと、ソユンはあたかたくほほえみながら、私を待った。その表情のおかげか、もう少し考えを広げてみることができた。

「つまりこういうことです。このお金には居心地の悪さは感じません。穏やかな気持ちでいられます。おそらく〝ある〟と感じているからだと思います」

わかったというようにうなずいたあと、ソユンはテーブルの上に置かれた透明なコップをもった。水が三分の二くらい入っているベル型のコップだった。彼女はコップを左右に揺らすと、動きを止めて私の目をじっと見つめ、こう訊いた。

「このコップが富の器で、水はお金だと考えてみましょう。このコップをぱっと揺らすとどうなるでしょう」

「水が揺れてこぼれます」

「心の器も同じなのです。コップがあっちこっちに揺れるのに、中の財物が無事に入っているはずがありません。心が穏やかなときには、その中の水も落ち着いて留まっているものなのです。私が出会った数多くのお金持ちのほとんどが、お金に対して穏やかに構えていました。お金持ちだから心が穏やかなのではなく、お金に対する穏やかな気持ちが、彼らをお金持ちにしたのです」

アペタイザーに注文したフレンチオニオンスープが運ばれてきた。やわらかいチーズをスプーンで混ぜながら、ソユンの説明をじっくり考えてみた。ふとフランスに来る飛行機の機内で読んだある記事を思い出した。アリババのジャック・マーに関するエピソードだった。

「そういえば、ジャック・マーも〝気分がよくない〟とは言わないそうです。かわりに〝気持ちが穏やかでない〟と言うそうですね。ひょっとして彼もお金に対して穏やかさを感じているんでしょうか」

私の質問にソユンの顔が明るくなった。

「いい例を挙げてくださいましたね。ジャック・マーはきっと**ハビング〈Having〉**をやってきたのだと確信しています。〝気持ちが穏やかでない〟という言葉をひっくり返すと〝気持ちが穏やかだ〟という意味になります。穏やかであるのが基本の状態だということでしょう。これが**ハビング〈Having〉**のポイントです」

彼女は詳しく説明を続けていった。

「私は、ジャック・マーがほかの人たちのように〝気分が悪い〟とか〝イライラする〟と言うかわりに、〝穏やかでない〟と言ったことに注目しています。〝穏やかさ〟を自分に刻印しているのです。穏やかさがお金を引き寄せる磁石だということを、本物のお金持ちの秘密が**ハビング〈Having〉**だということを、よくわかっているという証拠です」

説明の途中、首を傾げた言葉があった。

「穏やかさを刻印するというのは……どういう意味でしょうか」

「〝心が穏やかでない〟というのは、つまり穏やかな状態に戻ろうという意志の表れです。私たちの脳は否定文を認識できません。その単語から浮かんだイメージだけを入力するのです。たとえば〝穏やかでない〟と考えると、脳は〝穏やか〟だけをインプットして、反対に〝イライラする〟と言うと〝イライラ〟だけが刻まれるというふうに。そう考えると、〝心が穏やかでない〟という言葉は、穏やかな状態が本人にとっていちばんあたりまえで、基本的な心構えだという意味になります」

≫ グルの言葉

・ハビング〈Having〉のポイントは穏やかさです

・真の穏やかさとは、自分の魂が望むことと行動が一致したときに感じられる感情です。水の流れに自然と体を預けて浮かんでいる感じです。この感情こそが、私たちをお金持ちに導いてくれる信号なのです

・コップがあっちこっちに揺れるのに、中の財物が無事に入っているはずがありません。心が穏やかなときには、その中の水も落ち着いて留まっているものなのです

・お金持ちだから心が穏やかなのではなく、お金に対する穏やかな気持ちが、彼らをお金持ちにしたのです

・〝穏やかでない〟と考えると、脳は〝穏やか〟だけをインプットし、反対に〝イライラする〟と言うと〝イライラ〟だけが刻まれます。〝心が穏やかでない〟という言葉は、穏やかな状態が本人にとっていちばんあたりまえで、基本的な心構えだという意味になります

21　富の筋力をつける

中国一の富豪、ジャック・マーも**ハビング**〈**Having**〉を実践していたとは驚きだった。直観的に悟ったにしろ勉強して身につけたにしろ、それを**ハビング**〈**Having**〉と呼ぼうが他の別の呼び方をしていようが、穏やかさがポイントだと知っていたということだ。私の驚いた表情を見て、ソユンはにこりとしてから説明を続けた。

「数万人の本物のお金持ちを分析した結果、彼らは自分に必要な単語を無意識のうちにプログラミングしていました。何人かは強迫的なレベルでそうしています。それが本物のお金持ちたちの共通点の一つです」

「強迫的なレベルでプログラミングしているのですか」

「ええ。本物のお金持ちは、人生が、自分の無意識に入力された情報と、信念のシステムどおりに広がっていくことを知っています。ジャック・マーも〝穏やかでない〟

とインプットすることで、否定的な情報を浄化すると同時にバランスを取り戻していたのでしょう。無意識は、バランスを失った意識をもとの状態に戻す力をもっているのです」

「私はこれまで間違った信念を持っていたんですね。買ったものはキャンディー一つまですべて記録し、お金に対しての緊張感を緩めなかったんです。穏やかな気持ちになってしまったら、どんなにつかんでも指のあいだからさらさらこぼれる砂のように、すべてどこかに消えてしまう気がしていたんです」

わかっていると伝えるソユンの目を見ながら、私は言葉を続けた。

「大人になってからも、財布に十万ウォン以上入れて持ち歩いたことはありません。たくさんあると無駄遣いしそうで怖かったんです。お給料をもらっても、固定費を払ったら残りはまず貯金しました。欲しい服や化粧品を買うのはつねに後回しだったんです。振り返ってみると、自分が感じる楽しさよりも、お金に対する緊張感のほうが優先されていたんですね」

注文した料理が出てきた。好物の鴨ロースだった。私はテーブルにぐっと体を近づけて、まずは香りを楽しんだ。ロブスターを前にしたソユンも顔に生気がよみがえったようだった。

鴨をナイフで切りながら尋ねてみた。

「それでは、どうすればお金に穏やかな気持ちを抱けるのでしょうか」

私の質問を聞いてソユンはフォークとナイフをテーブルに下ろした。そしていたずらっぽいほほえみを浮かべながら、腕を曲げたり伸ばしたりする動作を繰り返した。まるでダンベル運動をしているような動きだった。

「ホンさん、腕には曲がる筋肉と伸びる筋肉がありますよね」
「ええ、そうですね」
「こうやって腕を曲げるときは、曲げる方向に多くの筋肉が力を合わせてきます。伸ばすときは逆です。この二つの動きを同時にやることはできません。私たちの感情も同じです。曲げる動きと伸ばす動きを同時にできないように、私たちも相反する感情を同時に感じることはできないのです。ホンさんの心にはこれまでお金に対する不安と喜びが一緒にあったと思います。でも不安と緊張のほうが大きすぎて、喜びはその影に閉じ込められてしまっていたのです」

私はうなずいた。

「身体的な面で見ると、ストレスは筋肉を固まらせます。エネルギーも同じなのです。緊張のエネルギーは宇宙の中の硬直した周波数と呼応して、お金の流れを滞らせるのです。ひどくなると、お金が入ってくる道をふさいでしまいます」

容易に理解できた。ストレスを受けると首が凝って肩ががちがちになった。血液循環が悪くなるのか、頭痛もした。ということは、これまでお金が入ってくる道をふさいでいたのも、私が感じていた緊張のエネルギーのせいなのだろうか。

「一方、お金を穏やかに気分よく感じれば、ホンさんと宇宙が穏やかな周波数で結ばれます。宇宙は私たちの感情のエネルギーを受信したのち、穏やかな様子をそのまま鏡映しにして、経済的にも穏やかな状態にしてくれるのです。ホンさんの心の中には二つの磁石があるのです。不安と緊張の磁石はお金を追い出し、喜びと穏やかさの磁石はお金を引き寄せます」

「それでは、心を穏やかにする方法があるのでしょうか」

ソユンがウインクして答えた。

「もう答えはご存じじゃないですか」

「あっ、**ハビング〈Having〉**ですか？」

「ええ、そうです。ホンさん、ウエイトトレーニングをしたことはありますか」

「はい。最近、また運動を始めようと決心したんです。筋力をつけたくて」

毎朝、私は新たに決心していた。がんばって運動してダイエットに成功してみせると。がっちりと筋肉のついた健康的な女性になろうと。だがもちろん、生まれつき意志薄弱の私がそれをまともに実践できるはずがなかった。正直、そのすべてのプロセスが面倒だった。スポーツクラブに行って、服を着替えて、ランニングマシーンの上で走り、筋トレ用の運動器具をいくつかやって、シャワーまでしようとすると……やるべきことがあまりに多かった。でも、今ソユンが教えてくれた富の筋肉をつける**ハビング〈Having〉**は、そんな面倒なプロセスは必要なかった。**お金を使うその瞬間、健全な消費をするだけのお金があることに感謝し、その喜びを味わうだけでいいのだ。**なんて手軽で簡単なのだろう。

ソユンが説明を続けた。

「私たちの心も、運動で筋肉を鍛えるウエイトトレーニングと似ています。持続的に**ハビング〈Having〉**を実践するほど、心に丈夫な筋肉がついていきます。その筋肉が鍛えられて、だんだんと喜びと穏やかさを簡単に、より大きく感じられるようになるのです。同時に不安と心配はだんだんとうすれていきます」

私を励ますその言葉に、自然と心の筋肉が鍛えられるようだった。テーブルを見下ろすと、いつのまにか鴨料理はほとんどなくなっていた。半分ほど残ったソユンのお皿を見たら、彼女の具合が気になり、尋ねずにはいられなかった。

「お体の具合が心配です。無理なようでしたら、このくらいでおしまいにしてかまいません」

彼女が温和な表情で私を見た。

「ホンさんは本当にやさしいかたですね。気にしてくださってありがとうございます。きつければ、そうお伝えします。約束します」

ソユンと話をしていると、まるで私がこの世の主人公みたいだった。彼女が「お金持ちたちのグル」として尊敬される秘密もここにあるような気がした。会話を続行するというそのやわらかなカリスマに、私は従うしかなかった。

グルの言葉

・ストレスは筋肉を固まらせます。エネルギーも同じなのです。緊張のエネルギーは宇宙の中の硬直した周波数と呼応して、お金の流れを滞らせるのです。ひどくなると、お金が入ってくる道をふさいでしまいます

・お金を穏やかに気分よく感じれば、自分と宇宙が穏やかな周波数で結ばれます。宇宙は私たちの感情のエネルギーを受信したのち、穏やかな様子をそのまま鏡映しにして、経済的にも穏やかな状態にしてくれるのです

・私たちの心の中には二つの磁石があるのです。不安と緊張の磁石はお金を追い出し、喜びと穏やかさの磁石はお金を引き寄せるのです

・持続的に**ハビング〈Having〉**を実践するほど、心に丈夫な筋

肉がついていきます。その筋肉が鍛えられて、だんだんと喜びと穏やかさを簡単に、より大きく感じられるようになるのです。同時に不安と心配はだんだんとうすれていきます

事例——少ない財産を相続しても

小さな会社を営む男性が、父親に呼ばれて故郷に帰ってきた。持病が悪化した父が財産を前もって配分すると宣言したからだ。ところが、それは男性にとっては受け入れがたいものだった。財産価値の高い田畑は兄に、売買しづらい山は自分に与えるというのだ。不満を抱えたまま、男性がソユンを訪ねてきた。

「兄のほうが大変だからと言うのですが、父はひどいと思います。私がもらったのはただ同然の土地です。何ももらわなかったと思えばいいんでしょうが、とてもつらいんです。最後まで長男である兄とは差別されてるみたいで」

子どものころから長男の兄を中心に回っていた家の雰囲気が、大人になった今でもその男性を苦しめているようだった。彼の話を聞いて、ソユンは静かに言い聞かせた。

「客観的に見ると、その山を相続したのはとてもよい時期です。現在の価値とは関係なく、三年以内にその土地によって間違いなく大金を手にするでしょう。ただし、ここには前提条件があります。自分の否定的な感情をうまくなだめなければいけません。いい流れが来たとしても、否定的な感情で勢いをそいでしまえば、決してこの流れに乗ることはできないからです」

ソユンのアドバイスを深く胸に刻んで帰っていった事業家は、毎日、自分に語りかけた。

「よし、前向きに考えよう。自分は今、お金が入ってくる流れの真ん中にいる。この流れに乗っていけばうまくいく。そのために心を整えよう」

彼は必要のない付き合いや遊びを減らして早く家に帰り、心の安定を保つのを忘れなかった。ソユンが教えてくれたとおり内面に集中すると、心に平和が訪れた。おかげで父にも最期まで精一杯尽くし、穏やかに看取ることができた。

葬儀が終わると、兄は相続した土地をすぐに売ったが、事業家は焦らずに待った。

「今、富への流れに乗っていると言われたんだ。まだタイミングじゃない。相続した林野は売らずに、時を待つんだ」

ソユンを信じて待った彼に、まもなくいい知らせが舞い込んだ。受け継いだ林野がマンション地区として開発されるという。土地に対する補償として一千万ドルを受け取った事業家は、そのお金をそっくり会社に投資した。その結果、会社は急成長し、数年で一億ドルの売上を達成した。

「アドバイスを信じ、気持ちをしっかりとコントロールしたら、こんな幸運が訪れたのです。おっしゃるとおり、いちばん重要なカギは私の心にありました。貴重なアドバイスに心底感謝しています」

22 それでも不安なときは

「穏やかな心が大切だというお話、よくわかる気がします。振り返ってみると、心がぶれないようにコントロールするのはいつも容易ではありませんでした。生活費が足りなかったり、安定した仕事がなかったりした時期もあります。実際そういう状況に置かれると、平常心を保つのは難しいからです」

ソユンに尋ねてみたかった。そんなふうに心が揺れ動くときはどうすればいいのか。一方では心配にもなった。大金持ちの相談に応じていた彼女が、平凡な私の感情を理解してくれるだろうか。私は続けて訊いてみた。

「ハビング〈Having〉の信号を使えずに出て行くお金がありますよね。光熱費や税金、家賃、子どもたちの教育費……。通帳から自動的に引き落とされるお金です。こういうお金が一気に出てしまうと、急に不安に襲われるのです。どんなにがんばってもどうしても不安だったら、そういうときはどうしたらいいのでしょう?」

質問しながら、先日読んだ新聞記事を思い出した。アメリカ全域のミレニアル世代〈一八～三四歳、一二〇〇人〉を対象にした調査だった。[“The millennial Economy-Findings from a new EY&EIG National survey of Millennials”, 2016, http//eig.org/millennial] アンケート結果を見ると、彼らも短期的な経済的問題に対して不安を抱いていた。回答者の六三パーセントが予定外の五〇〇ドルの出費が困難だとし、五九パーセントが学費ローンの返済が心配だとしている。いい就職先がないのではと心配している人が七八パーセント、予定外の医療費の出費が不安だと答えた人は全体の七四パーセントだった。そしてアンケートの対象者のうち七九パーセントが「老後資金の不足が不安」だと答えていた。

静かに話を聞いていたソユンは、アイスコーヒーを一口飲むと、やさしく私を見つめた。私の気持ちをすべて理解しているという表情だった。

「不安は自然な感情です。船が波に揺れるようなものです。今、短期的な経済的目標〈short-term financial goal〉に向かっているなら、とことん不安に思ってかまいません。**ただ重要なのは、不安に陥って目標を見失ってはいけない**ということです。私たちは今、お金持ちという目標に向かって航海しているところです。目的地はもちろん本物のお金持ちになることです。航海中は、船体が波に激しく揺れることもあれば、船酔いすることもあるでしょう。問題は、船が難破したらどうしようと不安に負けてしまうことなのです。船が揺れるのも航海の一部だということを忘れてはいけません」

彼女の声には不安を鎮める力があった。心の中で吹き荒れていた嵐が収まっていくようだった。

「さらに大きな問題は、多くの人が不安なあまり、きちんと進んでいる船の方向を突然変えてしまうということです。そうやってじたばたするほど船は暗礁に乗り上げ、風波に飲まれるだけで、本来の目的地からはだんだん遠ざかってしまいます」

心底うなずける話だった。匂わないガスのように染み込んできた不安が、私を沈没させたことがあったからだ。

大学四年の年、私はテレビ局に願書を出した。かろうじて筆記試験をパスし、実技とカメラテストを受けるという日だった。リポートを読む練習をしていたら、同じミスを何度も繰り返してしまった。私は不安に襲われた。

〈本番で間違ったらまずい……。これで言葉までつかえたら大変……〉

テストの順番が近づくと緊張で手足ががたがた震えてきた。名前を呼ばれると、胸がむかむかして心臓が締め上げられるようだった。スタジオに入った私の頭上にライトがパッと灯った。瞬間、目の前が真っ白になった。どんなに落ち着こうしてもだめだった。とうとう震える声で原稿を読みはじめると、出だしから言葉に詰まってしまった。

〈うわっ、もうミスしてしまった！　どうしよう、どうしよう〉

すでに不安に飲み込まれてしまったあとだった。私は一文に一つずつ言葉につかえ、最後はまともに読むことすらできなかった。スタジオから出ていく私を審査員たちがせせら笑っているような気がした。惨憺《さんたん》たる思いだった。

その経験はトラウマになった。マイクを見るだけでぶるぶる全身が震えた。二度と挑戦する気にはなれなかった。結局、テレビで世の中のできごとを伝える記者になりたいという夢は、あきらめざるを得なかった。

そんな体験を話して気分が沈みかけたそのとき、ソユンがテーブルの上の私の手をそっと叩いてくれた。その手からはあたたかいぬくもりが感じられた。

「不安に思っても大丈夫ですよ。自分の感情を怖がることはありません。不安や緊張は、がんのように切除しなくてはならない腫瘍ではありません。それは危険を感知するために先史時代から人類が本能的に育ててきた防御システムにすぎないのです」

彼女は説明を続けた。

「今、揺れているとしても、目的地に向かって進みつづけていることを忘れないでください。変わらず安全なのです。目的地に到着するまでの過程の一部として不安を受け入れれば、それを振り払うための不必要な行動をとらなくてすみます。心が思う存分不安や焦りを感じてもいいようにしてあげて、魂が導くままに穏やかさに沿って行動してください。そうすれば自然と幸運を引き寄せることができるのです」

今、揺れていたとしても大丈夫という意味だった。ソユンの話を聞いて、すっかり安心した。不安でも、**ハビング〈Having〉**をやめなければ、いつかはお金持ちになれるということだった。

「一つ方法を教えましょう。一人きりの時間を持つと心の安定に役に立つでしょう。現代人は自分より他人にフォーカスしている時間のほうが多いのです。余暇の時間にもテレビやスマートフォンなどで自分と他人を比較することに感情を浪費しています。すると残念なことに、必要以上の否定的な感情に巻き込まれやすくなります」

「ああ、おっしゃるとおりですね。どうやって実践したらいいのでしょう」

「難しく考えることはありません。自分自身と一緒にいる時間を持ってください。お風呂に入るのもいいし、ちょっと目をつぶって瞑想するのもいいでしょう。本を読みながら自分の心を見つめてみるのもいいですね。自分をケアする時間をちょっととるだけでも十分です」


じつは私も、大変な一日の終わりに習慣的にフェイスブックやインスタグラムをのぞいていた。画面の中は、私よりも幸せな人たちであふれていた。ブランド品の靴やバッグに高価な輸入品のダウンコートまで着ている友達、聞いたこともない太平洋の島の自撮りした写真をのせる同僚、子どもと一緒に海外に出かけてゆったり過ごすママたちまで……。そんな様子を目にするたび、仕事と育児に追われてあくせくしている自分がますますみじめに感じられた。思えば、どうでもいい不安と嫉妬に悩まされて、否定的なエネルギーを増やしていただけだった。

うなずく私の顔を見て、ソユンは付け加えた。

「運動と休息を繰り返すことで健康になるのと同じです。心も休息によって、さらに健康な体質になるのです」

グルの言葉

・不安は自然な感情です。船が波に揺れるようなものです。今、短期的な経済的目標に向かっているなら、とことん不安に思ってかまいません。ただ重要なのは、不安に陥って目標を見失ってはいけないということです

・さらに大きな問題は、多くの人が不安なあまり、きちんと進ん

でいる船の方向を突然変えてしまうということです。そうやってじたばたするほど船は暗礁に乗り上げ、風波に飲まれるだけで、本来の目的地からはだんだん遠ざかってしまいます

・今、揺れているとしても、目的地に向かって進みつづけていることを忘れないでください。変わらず安全なのです。目的地に到着するまでの過程の一部として不安を受け入れれば、それを振り払うための不必要な行動をとらなくて済みます

・心が思う存分不安や焦りを感じてもいいようにしてあげて、魂が導くままに穏やかさに沿って行動してください。そうすれば自然と幸運を引き寄せることができるのです

・自分自身と一緒にいる時間を持ってください。お風呂に入るのもいいし、ちょっと目をつぶって瞑想するのもいいでしょう。本を読みながら自分の心を見つめてみるのもいいですね。自分をケアする時間をちょっととるだけでも十分です

ケーススタディ――夢のかなえ方

講義を兼ねたCEOの朝食ミーティングを終えたソユンがホテルを出ようとしたときだった。背後から必死に彼女を呼ぶ声が聞こえてきた。

「先生、ちょっと待っていただけませんか。どうしてもお話したいことがあるのです」

振り返ると若い男性が恭しく近づいてきた。講義をした店のウェイターをしていた青年だった。彼は切羽詰まった表情で言葉を続けた。

「新聞記事で先生のインタビューを印象深く読みました。失礼とは思いつつ、どうしてもお聞きしたいことがあるのです。今、大学を卒業して一年以上、就職の準備をしています。でも貯金もなく学費の返済もあるせいか、面接だけでとても緊張してしまうのです。それでなのか毎回、面接に落ちてしまって。この悪循環から抜け出すにはどうしたらいいのでしょうか」

青年は生活費を稼ぐために一日中コーヒー専門店で働いていた。収入はひと月一五〇万ウォンちょっと。缶コーヒーで我慢し、弁当を作り、公園や図書館でデートしても、生活はいつもギリギリだった。友達とシェアしている部屋の家賃が四〇万ウォン、通信費に交通費、生活費やデート代に八〇万ウォンかかる。ここに学費ローンの利子二〇万ウォンまで支払ってしまえば、通帳にはほとんど残らなかった。

「残高が一〇万ウォンしかない。給料日までまだ一週間もあるのに……。お金がなくて同窓の集まりにも行けない。これで突然病気になったらどうしよう？　入院しても治療代も払えないのに」

繰り返し就職試験に落ちると、お金に対する心配もだんだん大きくなっていった。よけいなことばかり考えて、勉強にも集中できなくなった。そんな精神状態なので、面接を受けても自信がなかった。少し難しい質問をされるだけですぐに言葉に詰まった。

足を止めて青年の顔を見つめていたソユンは、ハビング〈Having〉のやり方と不安を鎮める方法を詳しく教えた。耳を傾けていた青年はソユンが言い終わると、こう言った。

「先生のおかげで幸運が訪れそうな予感がします。僕にもやれそうな気がしてきました。教えていただいたとおりにやってみます！」

その夜、帰宅した彼はソユンの言葉をじっくりかみしめながら、部屋の中を見回した。机の上には大学のときから勉強してきた本、携帯、ノートパソコンなどがあった。後ろを向くと、小さなベッド、母親から送られてきたあたたかい布団、彼女からのプレゼントのクマのぬいぐるみが目に留まった。

「僕はこんなにたくさんのものを持っていたのか。休むことができる家があって、僕を愛してくれる人たちがいる。どうしてこれまで気づかなかったんだろう」

ハビング〈Having〉を実践したのもそのときからだった。バスに乗るとき、携帯を使うとき、コンビニで弁当を買って食べるときも、つねに持っているものに対して喜び、感謝しようと努力した。

もちろん、すぐに心が穏やかになったわけではなかった。出費があればたちまち不安になったが、そのたびに自分を励ました。

「落ち着こう。少しくらい揺れても大丈夫だと先生に言われたんだ。今、僕はお金持ちになる流れに乗っている。船の方向を変えないかぎり、僕は安全だ」

ハビング〈Having〉をやっていくと、新たな事実にも気づいた。

「ここ一年、人にお金を借りることがなかったな。二カ月以上、返済を遅らせることもなかったし、急に医者にかかることもなかった。本当に僕にはお金があるんだ！」

考えが変わっていくと、体にも活力がよみがえってきた。おかげで面接の準備にも全力で集中することができた。

三カ月後、電子関連のグローバル企業の面接会場で、青年は自信にあふれて答えていた。それから数週間後、合格者リストには彼の名前があった。

「今思えば、先生に出会ったのが幸運の始まりでした。これからも先生に教わった教訓を一生胸に刻んでいくつもりです。本当にありがとうございました」

人づてにソユンのメールアドレスを知った彼は、実践した**ハビング〈Having〉**の経験と自分が成し遂げた小さな成果を綴り、熱い感謝の気持ちをこめて彼女にメールした。

23 必死に願うと、かなわない

心が羽のように軽くなった。不安のなだめ方を教わったら、何でもできるような気がしてきた。希望が湧いて、すぐにでもお金持ちになれそうだった。そのときソユンが口を開いた。

「ハビング〈Having〉をやるときに、はまりやすい落とし穴があります」

きちんと座ったその姿勢からは気品が感じられた。彼女が言葉を続けた。

「それは、切実に望みすぎることです」

「えっ？」

思いがけない助言を聞いて、ひとりでに言葉じりが上がった。じつはソユンに再会してから、お金持ちになるということにひどく執着していたのだった。出勤するときや会議のとき、そして寝るときまで、頭の中ではそのことばかり考えていた。

だが、ソユンの言葉を聞いたら、何か間違っているような気がしてきた。戸惑いのあまり、思わず口ごもってしまった。

「わ、私もだいたいの自己啓発書は……全部読んだんですが、切実に望めばかなうとあって……。そ、それで心から……お金持ちになりたいと思ったのですが……それが間違っていたのでしょうか」

「お金持ちになりたいと切実に思うとき、心は穏やかでしたか」

「穏やかだったどうかですか？　えっと、それは……」

言われた瞬間、冷水を浴びせられたようにはっと我に返った。正直に言えば、穏やかではなかった。執着すればするほど、望む未来が遠くに感じられたからだ。一日に何度も思っていた。〈**ハビング**〈**Having**〉を始めたのに、お金はいつ入ってくるんだろう。これで永遠にお金持ちになれなかったらどうしよう。希望もない過去には戻りたくない……〉。私は不安で怖かった。

今思えば、必死に願う気持ちが、私を穏やかさから遠ざけていた。ハビング〈Having〉の効果が予想より大きくなかった理由もそこにあった。自分の間違いに気づくと、おのずとため息が出た。

「いいえ。切実に願うほど気持ちが焦りました。お金持ちになることに執着すると、結局、今の自分にはお金がないと思うばかりで。お金持ちになれなかったらどうしようと不安にもなりました」

ソユンは穏やかな湖のように、静かに座ってコーヒーを飲んだ。そして私に訊いた。

「以前、何かを必死に願った経験はありますか」

高校三年のとき、どうしても行きたい大学があった。片想いの先輩が通っている大学だった。思えば、その目標には相当執着していた。毎日ノートに大学名を書き、机や枕元には大学の写真を貼っていた。それが私の目標意識を高めてくれると思っていたのだ。ところが勉強しようと思っていざ机に向かうと、いつもこんなふうに思うのだった。

〈こんなに行きたいのに落ちたらどうしよう？　ぜったいに落ちたくない……どうしても合格したい……〉

問題は、どうしても行きたいという思いが強くなるほど、不安や心配、怖れも膨らんだということだった。図書館に行けばコミックや雑誌を読みふけり、問題集を広げたまま、そこに落書きばかりしていた。不安を振り払うための自分なりの方法だった。答案用紙を白紙で出す悪夢を見て、睡眠不足の日も多かった。勉強にもだんだん集中できなくなった。結局、計画した勉強のスケジュールを消化しきれないまま、試験会場に向かわなければならなかった。夢見た目標も、そうして手が届かずに終わった。

焦がれていたものが手に入らなかった記憶は、ずっと傷になっていた。ところがソユンの前で古い感情をぶちまけてしまうと、傷が自然と癒えていくように感じた。

ソユンがテーブルの上の私のスマートフォンを持ちあげた。

「ホンさん、この携帯、どうしても欲しいですか」

「いいえ。それはすでに私のものなので……」

答えながら、彼女が求める答えが急にわかった気がした。

「あっ、絶対に欲しいという気持ちにはなりません。すでに自分のものだと思っているせいか、落ち着いていられます。これこそが**ハビング〈Having〉**なんですね。〝ある〟ことを感じること！」

ソユンが明るく笑いながら、親指を立ててみせた。

「正確に言い当てましたね。どうしても欲しいと思う気持ちは、〝欠乏〟に集中してしまいます。自分には今ないと感じるからそんなふうに思うのです」

はっきりとわかった。**ハビング〈Having〉**が〝ある〟を指しているとしたら、切実に望むことは〝ない〟に向かって行くことではないか。磁石のN極とS極のように、この二つの気持ちも共存できなかった。

「必死に望む気持ちと**ハビング〈Having〉**とを比較してみましょう。**ハビング〈Having〉**は、浮き輪をつけて水に穏やかに流れるように、その流れに身を任せることです。自然と安らいで穏やかな気持ちになります。一方、切実に望むというのは、ごつごつした石畳の上で重い箱を精一杯押しているのと似ています。押す力が強いほど、その反発で摩擦も大きくなるでしょう」

「どういうことかわかる気がします」

私は大きな声で答えた。

「反発力のせいで不安や怖れが生じるのですね。その居心地の悪さがお金を遠ざけ、無意識に〝ない〟を絶えず入力するんだと思います。結局、**ハビング〈Having〉**と反対方向に行くんですね」

「問題は、人は欠乏感が強いほど、より必死になって望むということです。結局、悪循環に陥ってしまうのです」

》》グルの言葉

・どうしても欲しいと思う気持ちは、〝欠乏〟に集中してしまいます。自分には今ないと感じるからそんなふうに思うのです

・ハビング〈Having〉は、浮き輪をつけて水に穏やかに流れるように、その流れに身を任せることです。自然と安らいで穏やかな気持ちになります

24　ハビング〈Having〉ノート

レストランにいた人たちが一人二人と席を立ち始めた。私もそろそろレコーダーとパソコンを片づける時間だった。そのときソユンが落ち着いた様子で口を開いた。

「**ハビング〈Having〉**の効果を増幅させるもう一つの方法をお教えしましょう」

「増幅させるのですか？　何なのかとても気になります」

「月に一度、ＣＥＯの人たちと心の勉強をしたことがあります。そのときこの方法をお伝えしたのです。みなさん**ハビング〈Having〉**の効果を上げるのにとても役立ったとおっしゃっていました」

お金持ちたちだけが知る特別な秘密だろうか。自然と気持ちがそそられた。

「**ハビング〈Having〉**ノートを書いてみてください」
「日記を書くように**ハビング〈Having〉**を記録するということでしょうか」
「そのようなものです。**ハビング〈Having〉**をどのようにやったか、何を感じたか、短く書き留めておくのです」

その言葉を反すうしていると、彼女が説明を続けた。

「こう考えてみてください。水の流れに乗っているその瞬間は、自分がどこに向かっているのか見えません。でも点を打っておいて、それをつなげると全体の流れを見ることができます。**ハビング〈Having〉**ノートを書くのも、そうやって点を打つプロセスです。一つずつ記録していくと、どこへ向かっているのか把握できるでしょう」

彼女がやさしく付け加えた。

「統計的にも見てみましょうか。私のデータによれば誰でも人生で二～五回ほどクォンタムジャンプのチャンスに遭遇します。ただ残念なことに、この時期を活用してお金持ちになる人は全体の三パーセントほどにすぎません。残りはそれをチャンスとも知らずに素通りしてしまうのです。いい流れをつかみきれなかったせいです」

「クォンタムジャンプ」という表現に興味を持った。階段を駆け上がるように一気に高いところにのぼっていけるという意味だった。ソユンに再会したその瞬間が、私の人生に訪れたクォンタムジャンプではなかっただろうか。

「必ずそのチャンスをつかみたいです。ノートの書き方を詳しく教えてください」

「文章はシンプルなほどいいでしょう。〝私は持っている〈I have ~〉〟で、今自分にあるものを書き、〝私は感じている〈I feel~〉〟で、自分の感情を表現すればいいのです。そのあとに感謝や感動の表現を付け加えるのもいいですね。毎日書く人もいますが、私は週に三、四回をお勧めします。一日も欠かしてはいけないという義務感にとらわれないためです」

「難しくはなさそうですね。すぐにできそうな気がします」

ソユンの言葉にインスピレーションを受けて、いいアイデアが浮かんだ。

「**ハビング**〈**Having**〉ノートをインスタグラムのようなところに書くのはどうでしょう？　写真と一緒にハッシュタグもつけてもいいし。他人が見ると思うとモチベーションにもなって、**ハビング**〈**Having**〉の喜びもさらに増す気がします」

ソユンがほほえみながら私の考えに同意してくれた。その表情を見たら、「フォース」を初めて学んだルーク〈映画『スター・ウォーズ』の主人公〉になったみたいに、胸がいっぱいになった。これから何でもやれそうな気がした。

その日がパリでの最後の夜だった。別れのあいさつをしながらソユンが手を握ってくれた。体調がすぐれないなかで、私のために努力してくれた彼女には感謝の気持ちしかなかった。部屋に戻っていくその後ろ姿を見つめながら、私はさらに**ハビング**〈**Having**〉をがんばろうと決心した。

部屋に戻った私はすぐ、**ハビング**〈**Having**〉ノートを書き始めた。

——六月八日

I HAVE　後輩にタイレストランでお昼をご馳走するお金がある。以前の職場の後輩たちが訪ねてきた。一緒にランチを食べながら楽しい時間を過ごした。

I FEEL　私と一緒にいてくれる人たちに食事をご馳走できるお金があるなんて、お金持ちみたいな気分だ。

その会社を辞めて八年以上も経つのに、私を訪ねてきてくれる後輩たちのあたたかい心遣いがありがたかった。

——六月一〇日

I HAVE　ローンを返済するお金がある。

I FEEL　お金があると思ったら、気分がよくなった。**ハビング〈Having〉**をやっているかぎり、返済日も怖くない。

――六月一八日

I　HAVE　十分にお金があるけれど、イタリアの無垢材でできたダイニングテーブルを買わなかった。輸入家具店に行ったとき。イタリア製のダイニングテーブルが二〇パーセントオフで売っていた。見た瞬間、気持ちが揺らいだ。でも**ハビング〈Having〉**の信号が赤信号なのを確認して買わなかった。

I　FEEL　そのテーブルを見ていたらもやもやした。友達のインスタグラムで見たイタリア製のテーブルを思い出した。その友達のように、私も雰囲気よくテーブルを飾って、それをSNSで自慢したかった。でも**ハビング〈Having〉**の信号を確認してどちらが正解かわかった。〈これは私が欲しいものじゃない！　今これを買ったらずっと後悔する〉

――六月一九日

I　HAVE　欲しいダイニングテーブルを買うお金が私にはある。

ずっと探していたウォールナットのテーブルをついに発見！　**ハビング〈Having〉**の信号に青信号が灯ったのを確認して、財布を取り出した。ところが思いがけない幸運が。発売を記念して特別に割引してくれるという。それも四〇万ウォンも！

I　FEEL　幸運が訪れた感じ。

期待していなかった割引価格で買えて、気分がとてもよかった。予算より少し高めだったけれど、お金がもったいないとは思わなかった。このテーブルを囲んで、たくさん笑いあえると思うと今からワクワクする。

子どものころ、点つなぎのゲームが好きだった。点と点をつないでいくと一つの絵が完成する。ばらまかれた砂のような点が魚やペンギンに変身するときのあの喜び！**ハビング〈Having〉**ノートを書くのもこれと似ていた。毎日起きたことを一つずつ記録していくと、ふだん見えなかったことが一目でわかった。

真っ先に目についたのは〝ある〟の喜びが大きくなっていることだった。ノートを見ると、私はより頻繁に、強く、**ハビング〈Having〉**を感じていた。その感情が強くなるほど、お金と幸運も本格的にその姿を見せ始めていた。予想外のお金が入ってきたり、思いがけない幸運に出会ったりすることがたびたびあった。そして私は

〝今〟にいることができるようになった。まだ訪れてもいない未来を心配するより、お金を使うその瞬間を心から楽しめるようになっていた。

何よりいちばんジンときたのは、自分が間違いなく富と豊かさに向かう流れの上にいるということだった！

≫ グルの言葉

・水の流れに乗っているその瞬間は、自分がどこに向かっているのか見えません。でも点を打っておいて、それをつなげると全体の流れを見ることができます。**ハビング〈Having〉**ノートを書くのも、そうやって点を打つプロセスです。一つずつ記録していくと、どこへ向かっているのか把握できるでしょう

グルのストーリー——翼を広げる

ニューミレニアムが到来すると、ソユンはさらに広い世界へと出ていった。東洋の古典をマスターするにとどまらず、西洋の古典まで取り入れたのだ。その分野をより深く探究するために、ソユンは直接アメリカやヨーロッパ、インドを訪れ、そこで師匠たちに出会った。大家たちと交流するのは、その昔、世の実力者たちが競い合ったのと似ていた。短い対話のなかにも互いの足りない部分を満たしあい、内面を深めていった。

世の中を洞察するのに役に立つ現代の学問も読みあさった。企業経営の原理を身につけるために延世大学で経営学を、国の政策について知るためにソウル大学の大学院で行政学を専攻した。さらに心理学、社会学、物理学など社会科学と基礎科学についても学んだ。東西の古典から人文学や実学、数万人の事例分析まで。このすべての準備を終えたソユンは、すでにグルとして完成された姿だった。

最高は最高を見抜くものなのだろうか。彼女をいちばん最初に訪ねてきたのは、世界的企業の創業者たちだった。数多くの人々に会ってきた高齢の会長たちは若いグルの内面の深さを一目で見抜いた。彼らはソユンの洞察力に従って、戦略を修正し、人事を決定するなど、相談で得られた答えを即座に実行に移した。財界リーダーたちの動きを見て、ほかのお金持ちたちもまねるようになったのは当然のことだった。大企業のオーナーや経営者、そして投資家と不動産の富豪たちが、先を争って彼女を訪ね、助言を求めた。

ソユンに会った人々は、その優れた洞察力に感嘆した。投資家たちは彼女に、株式、債券、不動産のうち、どの種目に、いつ投資したらいいかを尋ねた。実業家たちは、重要な投資を決定し、核心的な人材を起用するに先立って彼女を訪ねた。このすべてのことが、ほかでもないソユンだったからこそ可能なことだった。

ソユンがソリューションを導き出す過程は「陰陽理論」〈すべての事物は対立し相反する属性の力によってけん制とバランスを成しているということ〉にもとづいて説明できる。彼女はマクロ的な考察とミクロ的な分析をあわせて、その人が選択できる最高の戦略を示した。それは、広く深い見方で時代の流れを分析し〈マクロ的考察〉、個人の長短所と個性に最適化させたソリューション〈ミクロ的分析〉だった。

ソユンが他の賢者や学者と違う点もここにある。運命に順応すべきとする賢者やすでに起きた現象を分析する学者と違い、彼女は現実的に早く簡単に願いをかなえる方法を教えた。おかげで彼女に会った人たちはどんどん勢いに乗っていった。彼らは財産を数十倍に増やし、倒産の危機から脱出し、決定的なチャンスをつかんだ。人生の「クォンタムジャンプ」が成し遂げられたというわけだった。

彼女に相談した人たちが連戦連勝になると、ソユンの名声も高まる一方だった。ソユンの本はそのジャンルでベストセラーになり、主要新聞には彼女のインタビューが掲載された。全国経済人連合会が開催するCEO講義の最年少講師としても招かれた。

だが、彼女の知恵が日々輝きを放っていたその時期、ソユンは自分の使命に対して、実存的な省察を徹底的に重ねていた。三〇代を前に、ソユンは本格的にこの問題を深く探り下げることになる。

Part V

幸運の法則

25　人生の変化

ハビング〈Having〉を知るまで、私の人生は戦場のようだった。緊張とストレスの連続だった。朝早くに起き、疲れた体で地下鉄に乗り、満員電車で出勤した。会社で無我夢中で働いていても、子どもが熱を出したと連絡がくれば、上司の顔色をうかがい、同僚にお願いして、仕事を切り上げて駆けつけた。保育園の先生やベビーシッターから電話がくると肝を冷やした。仕事と子育て、そして欠かすことのできない家事まで。私の限界値を超えていたのか、ストレスのせいなのか、体はつねに水を吸った綿のようにとにかく重かった。慢性の頭痛に消化不良、首と腰の痛みはもう持病のようにあたりまえだった。

子どもに対してはいつも申し訳なさを感じていた。世話してやれない申し訳なさ、いつも疲れた顔でいる申し訳なさ。毎晩、寝入った子どもの顔をなでながら、いつも同じことを思い悩んだ。会社を辞めるべきかどうか。正直言うと、仕事にはもうずいぶん前からやりがいや面白さを感じなくなっていた。自分は何に向かって走っているのだろう。誰のために、何のために、こうして生きているのだろう。いくら自問しても答えは浮かばなかった。

かといって、会社を辞める勇気もなかった。給料が入ってこなくなる人生など想像もつかなかった。三〇年ローンの返済、子どもにかかる教育費、そして老後の生活費まで……。これからお金が出ていくことが山のように控えていた。夫の給料だけではとても足りなかった。何度、電卓をたたいても同じ結論しか出なかった。今はつらくても我慢しないと。私の周り、家族、友達、同僚を見ても、みんなこうして暮らしているのだから。

そんな自分自身がさらにみじめに感じられるのは、稼ぎのいい配偶者をもつ友達や、もともとの環境からして違う友達を目にするときだった。ＳＮＳの中の彼女たちの人生は余裕そのものだった。朝はピラティスの個人レッスンを受けて、ハイブランドの服で出かけ、今話題のレストランでブランチを食べる。デパートでショッピングを楽しみ、連休には海外旅行へ。彼女たちの人生には掃除や洗濯といった家事は存在しないようだった。それはお金を払って雇った誰かの仕事なのだろう。インスタグラムの写真で笑っている友達の顔には、私が毎日、頭の中で数えているお金の心配など見当たらなかった。羨ましかったし、みじめにもなった。

だが、ソユンに会ってハビング〈Having〉を始めてからは、私の人生も少しずつ変わりだした。もう自分の人生に不平不満を並べたり、必要のない嫉妬にとらわれたりすることはなかった。自分の望む人生に向かって進んでいるという確信があったからだ。私は胸に希望を抱いてお金持ちへの道を歩んでいる。何よりも、私は今この瞬間を生きている。

パリから戻る飛行機の機内で、ソユンのことをずっと思い出していた。体調がすぐれないなかでも、私のためにベストを尽くしてくれた彼女。エネルギーを伝えるために誠心誠意尽くしてくれたその姿。誰かが自分のためにここまでしてくれるなんて……。大切な恩人のためにも、全力でハビング〈Having〉をやってみようと私は何度も自分に誓った。

本格的にハビング〈Having〉を実践しながら、とくに役に立ったのは、パリで教わったハビング〈Having〉の信号だった。お金を使う前、私は二本の指を顔の前にもってきて**ハビング〈Having〉**モーションをやった。それをやりながら内面に集中すると、心から送られてくる信号がより鮮明に感じ取れる気がした。ウエイトトレーニングで筋肉が鍛えられるように、**ハビング〈Having〉**の信号を使うようになってからは、穏やかな気持ちでお金を使うことがだんだん楽になってきた。

信号のおかげなのか、**ハビング〈Having〉**の感情もだんだんと強まっていった。最初のころは、ただ静かな波のような喜びだけを感じていた。ところが今は違う。**ハビング〈Having〉をしていると、体の中から喜びの花火がポンポンと打ち上げられるような感じがするのだ。**

そうなると私は目を閉じて想像する。体全体が磁石になって幸運とお金を引き寄せる姿を。その感情を十分に味わってから、自分にこう語りかけるのだ。

「幸運とお金が引き寄せられるのを感じるわ。今、私は幸せなお金持ちになっている」

〝ある〟の感じが強くなるほど、お金に対する私の感情も変化し始めた。以前の私だったらスーパーのレジのところに立って、こう思っていただろう。

〈あの牛ロース、ずいぶん高いのね。買わなきゃよかったかな。店員さんが持っているあのタラ、別に買わなくてもよかったのに……冷凍チキンもこの前買ったのがまだあったな。まだ半分も計算し終えてないのに一〇万ウォンを超えてる。どうしよう。いくつか買うのをやめようかな……〉

そうやって買い物を終えると、気分が落ち着かなくなった。悪いことをしたわけでもないのに、罪を犯したような気分だった。何もかもがつつましくない自分のせいに思えた。

ところが最近は、レジの前に立つとこんなふうに思うのだ。

〈今日は新鮮な鮭の料理が食べられそうでよかった。あの有機栽培のイチゴ、息子もきっとおいしく食べてくれるはず。想像するだけで笑顔になってしまう。そう、私にはお金があるんだ。これを買うお金がある。こんなにいいものをたくさん買えるなんて、感謝しなくちゃ！〉

そう思いながらカードを渡しサインすると、ひとりでに気持ちが満たされていった。自分が稼いだお金で家族の健康と幸せに投資しているようだった。そんな日は両手いっぱい買い物袋を持っていても、ちっとも重くなかった。むしろ得意な気分になって、その袋が愛しく感じられた。

もちろん不安にとらわれることもあった。電気料金の請求書を受け取った日もそうだった。ひときわ暑い夏、エアコンをよく使っていたせいか、電気代がいつもより二〇万ウォンも高くなっていた。通知書が届いた日、封を開けるなり目の前が真っ暗になりそうだった。気がつくと心臓がバクバクしていた。

〈電気代がどうしてこんなに高いの？　今月は子どもの習い事も一つ増えたのに……。予定外の出費、どうしたらいいんだろう。大変だわ、心もコントロールできないのに……お金持ちになんてなれっこない〉

そのときだった。澄んだ風鈴の音が鳴るように、どこからかソユンの声が聞こえてきた。

「今、揺れているとしても、目的地に向かって進みつづけていることを忘れないでください。変わらず安全なのです。目的地に到着するまでの過程の一部として不安を受け入れれば、それを振り払うための不必要な行動をとらなくてすみます」

すぐに携帯をつかんで、これまで書いた**ハビング〈Having〉**ノートを開いてみた。記録を一つひとつ読んでいくと、不安だった気持ちも徐々に落ち着いてきた。口元に笑みが浮かんだ。〈そうよ、ソユンにも言われたじゃない。不安は自然な感情だって。このノートを見て。こうしてお金持ちへの道を歩いている。ソユンが私の手を握ってくれているのだから、何の心配もない〉。そうして不安を吹き飛ばしたおかげで、私はもとの軌道から外れずにすんだ。

そんなある日、私は新たに決心した。お金を使わないときも**ハビング〈Having〉**をやろうと決めたのだ。**ハビング〈Having〉**のいいところは、時間や場所に縛られずにできるということだ。真っ先に変えたかったのが出勤時間の行動だった。毎朝、地下鉄に乗っているその時間に、私は携帯をのぞきこんで、ほかの人のSNSを見ていた。他人が笑う姿に「いいね」ばかり押しても、嫉妬と相対的剥奪感しか残らなかった。そんな気分で出勤した日には、何をやってもとにかく憂鬱だった。

これからはその時間に**ハビング〈Having〉**をやろう。そう決心した最初の日だった。地下鉄の席に座った私はソユンに教わったことを心の中で思い返していた。まず目を閉じて、呼吸に集中した。そして自分が持っているものを思い浮かべた。

〈えっと、私には健康な体がある。おかげで元気に出勤できる。夫と子どももいる。家族が健康なことも本当にありがたい。出勤する会社があって、あたたかい家もある。食べる心配もしなくていい。黒いカバンとベージュの靴、今着ているシルクのブラウスまで……。このすべてを私は持っているんだ！〉

そんなことを考えると、心の中でたっぷり幸せを感じた。その感情にじっくり浸ってから、私はゆっくりと目を開けて、その感覚を**ハビング〈Having〉**ノートやSNSに書き留めた。そうして一日をスタートすると、すべてがうれしく、ありがたく感じられた。

26　幸運の訪れ

まもなく、私は**ハビング〈Having〉**の効果を実感することになった。何より先に体が反応した。長年の頭痛と消化不良がなくなり、石を乗せたみたいに重かった肩も軽くなった。全身が軽くなって、運動をやり終えたばかりみたいに生気が戻ってきた。頭がすっきりすると、仕事の集中力も上がり、もちろん成果も出た。

気持ちが楽になったからだろうか、小さなことにもよく笑うようになった。同僚のつまらない冗談にも手を叩いて大笑いし、子どもの小さな行動一つひとつが神秘的に思えて笑顔になった。仕事の帰り道、空を染める夕日を見れば口元に笑みが広がった。間違いなく、私は以前より頻繁に、強く、幸せを感じていた。

先に変化に気づいたのは周囲の人たちだった。恋に落ちたことを隠せないように、私の心の変化も隠せないようだった。職場の人たちには、「今日は元気そうな顔ですね。恋をしてるみたいだな」とか「最近、何かいいことがあるんですか？　顔が明るくなりましたね」などと言われた。

フェイスブックに書き込まれるコメントも変わり始めた。私が羨ましいという言葉がほとんどだった。「最近、私の周りであなたがいちばん幸せそう。本当に羨ましい」とか「私もあなたみたいに小さなことにも感謝しなくちゃ」というふうに。嫉妬心が強い同い年の友達が電話してきて、「近ごろすごく元気そうだけど、何か秘訣があるの？　自分だけの秘密にしないで、ちょっと教えてよ」と言われたこともあった。恩人に出会ったおかげだとうっかり言いそうになったけれど、ただ笑ってごまかした。まだ秘密を教えるには早いと思ったからだ。

幸運が本格的に現れ始めたのもそのころだった。じつは私は運とはほど遠い人間だった。ほぼ欠かさずに参加する会社のイベントや忘年会でも、ゲームの景品にはまったく縁がなかった。食堂ではいつも隣のテーブルに先に料理が来たし、イチゴのパックを買えば下の段は傷んだイチゴだらけだった。思い切って買った株は、その銘柄の株価だけがストップ安。久しぶりに登山に行けば、足首をくじいて帰ってくるし、旅行を計画すれば雨が降った。宝くじの当せんなど、はなから期待していなかった。ただごく小さな幸運を味わいたかっただけだが、その小さな幸運にすら、いつも無慈悲に見放されているような気がしていた。

ところがそんなふうに遠くに感じていた幸運が、今ではネコのようにそろそろと私のそばにきて座っていた。最初はごく些細なことから始まった。ある朝、**ハビング〈Having〉**を初めて実践したコーヒーショップでカフェラテを注文したときのことだった。何も考えずにカードで支払うと、カウンターで「チリン〜」という音が響いた。それを聞いて、今ではずいぶん親しくなった店員が明るく笑った。

「わあ、おめでとうございます！　ドリンクの無料クーポンが当たりました。お店で一日一名様なんですよ」

その次に幸運に出会った場所は、結婚記念日に行ったフレンチレストランだった。

ワインを飲みながら、注文した料理を待っていると、店の人が頼んでもいないフォアグラを持ってきた。

「お客さま、申し訳ありません。オーダーミスがありまして、お詫びにこちらを召し上がっていただくあいだに、ご注文の料理をご用意します」

メニューをちらっと見るとそのフォアグラは私が注文したアペタイザーの倍の値段だった。その夜、私たちは幸せな悲鳴を上げながら、いくつもの料理を楽しんだ。

幸運は、時間が経つほど本格的に姿を現し始めた。紙コップを一パック選んでもボーナスパックがついてきた。食堂で注文すると思いがけず一品サービスされた。偶然立ち寄ったデパートでは目をつけていた冬のコートが七〇パーセントオフになっていた。

会社のワークショップに行ったときのことだ。プログラムの一つ、テーブル対抗のゲームで私のチームは一位になった。景品は一〇万ウォン相当のコーヒークーポン券。その次のくじ引きのとき、私は何も考えずにそのクーポンをいじっていた。ところが「わあっ」という声がして、みんなが私を見るので、顔を上げてステージに目をやると、私の名前が書いてある紙を司会者が揺らしていた。大型スクリーンには「二等」の文字。くじ引きで私が二等に選ばれたのだ。景品はあれほど欲しかったスマートウォッチ！　ステージに上がって商品を受け取ってもうろたえるばかりだった。私が幸運の主人公だなんて、なかなか実感できなかった。それでも幸運が訪れた理由だけははっきりとわかった。それはまさしく**ハビング〈Having〉**だった。

お金が確実に入ってくると感じたのもそのころだった。以前はローンの返済日になると憂鬱だった。お金を振り込みながらいつも同じことばかり思っていた。

〈何年も返しているのに、ローンが減らない。底が抜けたつぼじゃあるまいし、返しても返しても終わらないなんて。お金が出ていくと思うとまたイライラしてくるわ〉

ところが**ハビング〈Having〉**を始めてからはこう思うようになった。

〈返済できるお金が私にはある。それに誰でもお金を借りられるわけじゃない。担保や信用、そこに返済能力までなくちゃならないんだから。私にはそれが全部ある。ローンの返済自体が、私の能力を証明することなんだ〉

その日も私は銀行の窓口に座って、支払うお金を準備しながら**ハビング〈Having〉**をしていた。ところがパソコンの画面をのぞいていた行員に思いがけないことを言われた。「お客様のグレードが上がったようです。金利も下がり、銀行の方針も変わったので、利率の見直しをさせてください」。とくに期待もせずに申込書を書き、会社に戻った。それから数時間後、携帯にメッセージが届いた。画面を開いた瞬間、私はその場で跳びあがりそうになった。利率が〇・五パーセントも下がったのだ！　メッセージを見てもその数字が信じられず、携帯を何度も見返した。

その夜、私は自分だけの時間を過ごしながら、**ハビング〈Having〉**ノートを書いていた。考えれば考えるほど、私に起こったすべての変化が不思議に思えてきた。〈なんてことだろう、利率が下がるなんて！　ソユンが言っていたとおりだ。**ハビング〈Having〉**をやっていたから、こうしてお金が入ってきたんだ〉。ノートを書きながら、右手の人差し指と中指を上にあげた。すると、指がアンテナとなって、私が感じる喜びのエネルギーを世界に送り出すように感じた。その感情を楽しんでいたとき、ふと思い立った。

〈**ハビング〈Having〉**もうまくいっていることだし、今日、夏休みの旅行の予約をしよう！〉

じつは数年前からどうしても行きたい場所があった。インドネシアのバリ島だった。でも、いざ選ぼうとするといつも迷ってしまっていた。ほかの東南アジアのリゾート地より飛行機やホテル代が高かったからだ。数日間の休暇にそんなに大金を注ぎこむことに、旅先で味わう喜びより、罪悪感と緊張感にまず襲われた。何度も考えた末に、いつもリーズナブルな旅行先を選んでいたのだ。

そうやって出かけた休暇なので、満足できるはずがなかった。心の中では不満だらけだったせいか、旅行のあいだじゅう、ずっとついていない気がした。タクシーや食堂でぼられたことが何度もあるし、激しく雨が降りつづくのも毎度のことだった。予期せぬ台風で帰りの便がキャンセルになったこともあるくらいだ。そんな状況だから、休暇から戻ってくればいつも気分はめちゃくちゃだった。

でも、私はもう**ハビング**〈**Having**〉をやっている。今回は私が行きたい場所を選んでもいいような気がした。バリ行きの航空券を検索して、それを見ながら**ハビング**〈**Having**〉モーションをやってみた。喜びが指先を伝って全身に流れるようだった。静かな湖上に浮かんでいるように、すべてが穏やかに感じられた。それは疑う余地のない青信号だった。内面の信号をたしかに感じると、もはや迷う必要はなかった。私はためらうことなく購入ボタンを押した。決済を確認した瞬間、全身が気だるく緩み、穏やかな幸福感に全身が包まれた。言うまでもなく、幸せな気分だった。

その夜、私は満足感でいっぱいになりながら、眠りについた。

〈ついにバリに行ける。とても楽しみだわ。**ハビング〈Having〉**をやればやるほど、人生いいことずくめになっていく感じがする〉

27 完璧な休暇

バリで過ごした一週間は、文字通り、人生最高の休日だった。幸運は空港からすでに始まった。航空会社のカウンターに荷物を預けていると、きちっと髪をまとめたスタッフがこう言った。

「本日、エコノミークラスが満席なので、ご家族全員をビジネスクラスにアップグレードしてご案内いたします」

思いがけない幸運に、私たちは七時間のフライトのあいだじゅう、ゆったりとしたシートを楽しんだ。広くてふかふかの座席で四歳の息子は一度もむずかることなく、三時間も眠っていた。私も久しぶりに映画や本を見ながら、のんびりと過ごすことができた。

次の幸運に出会ったのはホテルのスパだった。私はホテルの高級スパを利用したことがなかった。一、二時間のマッサージに百ドル以上払うなんて、とんでもないと思っていた。息子の絵の教室の月謝よりも高かった。問題は、そうやって理性的に状況を理解しても、気持ちは全然納得していないということだった。セレブな雰囲気や上品な香りに包まれ、全身リラックスするそのマッサージを一度くらい受けてみたかった。結局、私は休暇に出かけるたびに、未練がましく、スパの前をうろうろするだけだった。

だけどもう自分を苦しめる必要はなくなった。私には強力な武器、**ハビング〈Hav-**

ing〉の信号がある。スパに行くにあたって、私は二本の指を顔の前にもってきて、**ハビング〈Having〉**のモーションをやってみた。〈私にはこういう高級なサービスを受けるお金がある。一年に一度、休暇を楽しむ資格もある〉。頭からつま先まで広がっていくその感覚は、まさに幸福感だった。まだマッサージも受けていないのに、全身がやわらかく緩むようだった。再度確認するまでもなく、青信号だった。

その勢いで、私は元気よくドアを開けてスパに入った。すると、インドネシアの伝統衣装のスタッフがきちんと手をそろえてこう言うではないか。「一時からはハッピーアワーで、すべてのサービスが半額になります」。その日の午後、私はずっと憧れていたラグジュアリーなスパを満喫した。それもきっかり半額で！

翌日のこと。私はサンベッドに寝転んで、浜辺で砂の城をつくっている夫と息子を眺めていた。輝く赤道の太陽と青空、遠くからしぶきをあげて寄せる波まで。このうえなく素敵な風景だった。砂で遊んでいた息子がきゃあきゃあ笑うと、その笑い声が白い砂浜に響き渡った。心地よいその声に、私も自然とほほ笑んでいた。腕を伸ばして、脇に置いたココナッツジュースを手に取りながらこう思った。〈なんて素敵な休暇だろう。この気分を忘れずに**ハビング〈Having〉**ノートに書いておこう〉

――八月一日

I HAVE　バリで素敵な休暇を楽しむお金がある。

I FEEL　すばらしい天気とおいしい料理、そして期待以上の素敵なホテル……。すべてが満足のいく休暇。そこに立て続けに幸運にめぐまれる。私は本当に運がいい人間だ！

そのとき携帯の画面に新着メッセージの知らせがあった。会社のグローバル本部からだった。休暇中なので、どうしても確認する必要はなかったが、メールを開いてみた。なぜかいい予感がしたからだ。

〈健康保険についての会社の方針が変更になりました。満四〇歳以上の社員に限り、助成金を支給します〉

ちょうど数カ月前に四〇歳になったところで、私もその対象だった。添付ファイルを開いて助成金額を確認した瞬間、私はサンベッドから飛び起きた。五千ドル！　来月には給料とは別途で五千ドル入ってくるという。それはバリの旅行費用に当ててもあまる金額だった。このメールを、このタイミングで、ここで受け取るなんて。ただ驚くばかりだった。もしかして幸運の女神がこっそり魔法でもかけているのだろうか。

そうして貴重な休暇の最終日になった。

前年までは、旅先ではどこに行っても不安と心配が雨雲のようにたちこめていた。

〈ホテルの部屋が変な匂いがする。もっとましなところを予約すべきだったかな〉〈何でロブスターがこんなに高いの？　もしかしてぼられているのかも。今からでもお店を変えるべき？〉〈ホテルのプールだからって、いくらなんでもハンバーガーに二五ドルも取りすぎよね。おいしそうでもないのに〉

ところが、今回はすべてが違っていた。夜空に広がる花火のように、幸運が私の目の前でポンポンと打ち上げられたからだ。ホテルにチェックインすれば部屋がグレードアップされ、レストランではサービスの品が提供された。親切なタクシーの運転手が、いい土産店やすばらしい観光スポットを紹介してくれた。おかげで心から休暇を楽しむことができ、この瞬間に感じられる、すべての喜びを十分に満喫した。バリの空港に到着して、搭乗口に向かいながら、私は思っていた。

〈すべてはハビング〈Having〉をやったおかげだわ。私の人生は本当に変わってきているみたい……。この流れに乗っていけば、もうじききっとお金持ちになれる〉

そのとき、カバンの中の携帯が鳴った。ソユンからメールがきたのだ。まもなく韓国に戻る予定で、韓国で会えるという。心あたたまるそのメールを読んだとき、いい考えが浮かんだ。

〈そうだ！　お土産を買おう。今感じているこの喜びを私の恩人と分かちあいたい！〉

ちょうど免税店でバリの特産品のコーヒーが売っていた。最初にハビング〈Having〉を始めたときのことやソユンを思い浮かべると、自然と思い出されるコーヒー！　これ以上のプレゼントはないように思えた。私は鼻歌まじりでコーヒーを選び、レジでカードを出した。ソユンへのお土産だからか、ふだんよりも強く喜びを感じた。あたたかい充足感に全身が満たされた。

一〇日が経ち、ソユンとの約束の日になった。お土産も持って軽快な足どりで、メールで指定された場所に到着した。ところが雰囲気が少々おかしかった。黒いセダンに、あせった表情でうろうろするスーツ姿の男たちが何人もいたのだ。

「先生が韓国においでになったと聞いたのですが……どこに行かれたんでしょう。人事異動を控えて、会長がどうしてもお会いしたいと申していまして。昨日からずっとお待ちしてるんですが……」

「今日、どうしてもお目にかからないといけないんです。車で奥様があんなにお待ちで……お会いできるんでしょうか」

すぐにわかった。彼らはソユンを待ちかまえている人たちだった。そういえば聞いたことがある。彼女が韓国に来たという噂が伝わると、多くの人が訪ねてきて待つらしい。その瞬間ドキッとした。この人たちを避けてソユンはどこかに行ってしまったのではないか。そしたら大変だ。どうしても会わなくてはいけないのに……。慌てて携帯を取り出した。緊張のせいか、メッセージを入力する手まで震えてきた。

「家の周りで大勢の人が待っていますが……今どちらにいらっしゃいますか。今日はお会いするのは無理でしょうか」

メッセージを送って数分間、携帯を穴が開くほど見つめていた。不通になった電話のようにうんともすんとも言わなかった。ソユンと会うチャンスが失われたのではないかと、やきもきしてきた。そのとき、携帯のランプが光り、待ちわびたメッセージが届いた。

「ホンさん、前もって連絡できずにごめんなさい。家の周囲が落ち着かないので、しばらくほかの場所に来ています」

ソユンは古宮のそばのホテルを教えてくれた。とたんに、どうして私がこんな特別な待遇をしてもらえるのかと考えたら、胸がいっぱいになった。ひょっとしたら、これも**ハビング〈Having〉**がもたらした幸運なのかもしれなかった。

28
運の法則

ホテルの高層階に到着した私は、エレベーターを降りた。窓ガラスの向こうにかつての王宮が古風な姿を現わしていた。数百年前、あの場所で王は国政について話し合ったのだろう。今日のようなあたたかい日には、日差しを楽しんで散歩でもしたのだろうか。鳥が数羽、王宮を横切って飛んでいった。静かな風景を眺めていると、ソユンに会えないのではと緊張していた心が少しずつほぐれていった。

そのときソユンが近づいてきた。ダークグリーンのレースのドレスに、ゴールドのハイヒール、そしてアイボリーのハンドバッグを持っていた。淡いオレンジ色の口紅のせいか、顔が明るく輝いているように見えた。心配とは裏腹に、明るく健康的な印象だった。

「今日はお会いできないかと思いました。大勢の人が待っているのに……こうして時間をつくってくださって心から感謝します」

彼女はほほえみながら、私の肩にそっと手を置いた。

「この世に偶然はありません。偶然のように見える出会いも、じつは長いあいだ準備されてきた奇跡なのです。直接であれ、間接的であれ、私に会ったのであれば、その人は運の分岐点に立っているか、もうすぐそこに立つことになります。そして、いい運を育てる人や、悪い運を避けていく人とは、ご縁がずっと続くのです」

持ってきたお土産を渡すと、ソユンは輝くようにやわらかく笑った。そして、口元にほほえみを浮かべたまま、コーヒーの香りを深く吸い込んで目を閉じた。心から喜んでくれているようだった。

「お気に召したらうれしいです。不思議なことに、このお土産を買いながら、**ハビング〈Having〉**がさらにうまくいくような気がしたんです」

ソユンがうなずいた。

「周易〔古代中国の書物、『易経』に記された爻辞、卦辞、卦画に基づいた占術のこと〕に〝積善の家には必ず余慶あり〟という言葉が出てきます。ここで善行とは、他人はもちろん自分自身にとってもいいことを指します。相手のために何かしたときに感じられる喜び、その心を大切にしていけば、この先、必ずいいことが起こるでしょう」

ホテルのラウンジに場所を移すと、私はおそるおそる、これまで書いてきた**ハビング〈Having〉**ノートを手渡した。彼女が私のノートを見始めると、宿題をチェックしてもらう子どものようにちょっと緊張した。さいわい、それを読んだソユンはあたたかい笑顔を見せてくれた。

「ホンさんのセンスが感じられておもしろいですね。初めてにしては、とてもよく書けています。一つだけ言わせてもらえば、〝私は持っている I HAVE〟を書くとき、内容は具体的であるほどよいでしょう。たとえば、〝おいしい夕食を食べた〟よりも〝おいしい肩ロースのステーキをアスパラガスと一緒に食べた〟のほうがいいですね」

アドバイスを聞いて、すぐにその場で書き直してみた。

「どうしてそうおっしゃるかわかる気がします。書き直してみると、幸せな感じがより生き生きとしてきますね。香ばしいステーキの風味とシャキッとしたアスパラガスの食感が鮮やかに感じられます」

ノートを見せたあと、私はこれまでのことを詳しく話してきかせた。景品が当たったことや次々と幸運が訪れたバリ旅行まで。

「私の日常にこんな幸運が訪れるなんて信じられませんでした。幸運は雷が落ちるみたいに偶然に訪れるものだと思っていたんです。選ばれたごく少数の人だけが幸運に授かり、お金持ちになるものだと思い込んでいました」

私の話を聞いていたソユンが、目をきらきらさせながら質問してきた。

「ホンさん、幸運とは何でしょうか」

「そうですね、何もしていないのに、予期せぬお金が入ってきたり、ロトに当たったりすることでしょうか」

彼女は笑顔のまま、違うというように首を振った。

「幸運は、効率性と共通する概念です。努力に比べて、より簡単に早く欲しいものを手に入れられるのが幸運です」

うなずきながら、ソユンの言葉をよく考えてみた。ソユンの話によれば、幸運とは、空から何かが突然ぽとんと落ちてくるものではなかった。同じ努力をしても、人より少し簡単に早く目的地に着くものだった。でこぼこの泥道のかわりに、よく整えられた高速道路を走るのと似ていた。

高校の頃、テストで似たような経験をしたのを思い出した。私が勉強した箇所から集中的に出題されたのだ。とくにテストの直前に読んでいた部分から、いちばん難しい論述問題が出た。テストが終わって、みんな難しかったと文句を言っているときに、私は余裕しゃくしゃくで笑っていられた。そして人生で最高得点を取ったのだ。ソユンの話を聞いて考えてみたら、それが幸運だったのだ。同じ時間だけ勉強しても、よりいい点数を取れるということだった。

「勘違いしていたようです。努力しなくても、空からお金の入った袋が落ちてくるのが幸運だと思っていました」

ソユンは飲んでいたコーヒーカップを下ろして、静かに教えてくれた。

「幸運は私たちの努力にかけ算されるのであって、足し算されるものではありません」

「えっ？　どういうことでしょうか」

「幸運が足し算でやってくるなら、努力が〝ゼロ〟でも幸運はやってくることになりますよね」
「ああ、そうですね。〝ゼロ＋幸運＝幸運〟になりますね」
「でも、幸運の法則はそうではありません。幸運はかけ算です。自分の努力がゼロならば、そこにどんなに幸運を掛けても、結果はゼロです。何も得られないということです」
「わかったような気がします。努力が何倍にもなって返ってくるのが幸運だということですね。その結果に感謝して、その気持ちで努力を続けてさらに大きな成果を得て……、そうやって好循環を生むんですね！」

彼女はうなずくと、きっぱりとした表情で言った。

「ただで得ようとする人がお金持ちになることはありません。三〇年間、多くの相談や事例を分析してきましたが、そういうケースはただの一度もありませんでした」

勇将は知将に勝てず、智将は徳将に勝てず、徳将は福将に勝てない

――『孫子の兵法』

>>> グルの言葉

・幸運は、効率性と共通する概念です。努力に比べて、より簡単に早く欲しいものを手に入れられるのです

・幸運は私たちの努力にかけ算されるものであって、足し算されるものではありません

・努力がゼロなら、そこにどんなに幸運を掛けても、結果はゼロです。何も得られないということです

事例――幸運な男

オーストラリアのショートトラック選手、スティーブン・ブラッドバリーは冬季オリンピック史上もっとも幸運な選手の一人とされている。二〇〇二年のソルトレークシティの冬季オリンピックに出場した当時、彼は大きな注目を集める選手ではなかった。男子ショートトラック千メートルの決勝では、先頭グループに半周ほど遅れをとっていた。ところが優勝候補たちが接触して相次いで転倒し、遠く離れて最下位で滑走していた彼が、全員を押さえて一位でゴールしたのだ。のちに「幸運のパラドックス」と呼ばれた勝利だった。

ブラッドバリーが幸運にめぐまれたのは決勝だけでなかった。二回戦でも先にゴールした選手が失格となったために、次のレースに進出できた。その準決勝では先を行く三人の選手が全員転倒して、棚ぼたで決勝に進出したのだ。

だが、幸運の主人公になるまで、彼は険しい道のりの準備期間を経験していた。一二年間欠かすことなく、毎日五時間、週に六回、トレーニングに明け暮れた。しかも以前出場したオリンピックは不運の連続だった。注目されていた一九九四年には千メートル予選で敗退、一九九八年の大会では、競技日程をあと二日残して食中毒になった。二〇〇〇年には首に重症を負い、引退まで考えた。

オリンピックが終わって、ブラッドバリーはインタビューでこう答えている。

「運がよかったのは事実だ。決勝の一分半までは、自分がメダルを取るなんて想像もしなかった。でも幸運を手に入れたここにたどりつくまで、僕がこつこつと努力してきたこともわかってほしい。この金メダルは十年間、あきらめずに滑ってきた自分に与えられたご褒美なんだ」

29 運の流れに乗った人たち

幸運についての説明を聞いていたら、苦い記憶が思い出された。**ハビング〈Having〉**を知る前、ノートパソコンを買おうとパソコン売場に行ったときのことだった。商品を選んでいると、売場のスタッフがやってきて、こう言った。

「クレジットカードをお作りになれば、パソコン価格から一五万ウォンお値引きしますよ。申込書を何枚か書いていただくだけです」

値引き？　そのひとことにすっかりその気になった。〈一五万ウォンも？　百万ウォン以上すると思って気が重かったのに……ちょうどよかった！〉

だが、そのときはまだ、これから長い長い手間が待ち受けているとは思いもしなかった。まず、記入もれのないように申込書を書き、何カ所もサインをした。そこまでで一〇分かかった。次はカード会社に電話して質問に答えること二〇分。さらに売場でやることもなく三〇分待たされたあげくに、カード会社からこんな電話をもらった。

「お客さま、カード情報が照会できません。健康保険の窓口に電話して、医療保険の証明書を請求していただかないといけません」

だんだんイライラしてきた。〈どうしてこんなにたくさんやることがあるの？　もう一時間もかかっているのに……。値引きしてもらうのに、ここまでしないといけないの?〉。かといって、ここまできてあきらめるわけにもいかなかった。待っていた時間があまりにももったいない。そして健保の窓口に電話して書類をお願いするのに、またずいぶん時間がかかった。

店の人に耳よりな提案をされてから一時間半がたち、結局、私はあきれるような通告をされた

「まだ承認されません。追加の書類がさらに必要なので、今日はカードの発行が難しそうです」

そう言われた瞬間、爆発してしまった。

「こんなに待たせておいて、どういうことなんですか? 客をバカにしているんですか?」


いまさら値引きなしの値段で買うわけにもいかなかった。時間だけ無駄にして、必要なノートパソコンは買えないなんて……みじめだった。何も買わずに売場を後にしたが、世間からこう言われているみたいだった。

「おまえは時間を無駄にしたっていいのだ。お金がないんだろう。一五万ウォン値引きしてほしかったら、このくらい待つのはあたりまえだ」

苦々しいその経験を打ち明けて、ソユンに考えを訊いてみた。

「あのとき、私はどうすればよかったのでしょうか」

ソユンがダークブラウンの髪を耳の後ろにさっとかけた。真珠のイヤリングが姿を現した。

「最後に感じたことに答えがありますね。ホンさんは、一時間半ずっと自分に〝私は今お金がない〟と入力していたわけです」

その言葉に反射的にうなずいていた。

「私が間違っていました。割引してもらおうと、自分自身に〝ない〟をインプットしていたんですね。もちろん一五万ウォンは少なくない額です。でもそのためにどうでもいい否定的な感情だけを膨らませてしまった。あのとき、私は割引の提案を断って、**ハビング〈Having〉**の信号を使うべきでした。青信号であることを確認して気分よく買っていれば、さらにいいチャンスを引き寄せられたと思うんです」

そのとき、注文したアフタヌーンティーが運ばれてきた。三段のティースタンドにスコーンとサンドイッチ、タルトとマフィンがのっていた。クランベリーの入ったスコーンからは焼きたてのいい香りがした。マンゴーとオレンジがたっぷりのったタルトを見たら、食欲がそそられた。私はスモークサーモンのカナッペを早速口に入れて、じっくりと味わった。

「ううん、おいしい！」

ソユンは幸せそうな私の表情を見て満足そうにほほえむと、説明を続けた。

「幸運について、もう少し見てみましょうか。冬季オリンピックのフェンシングの決勝に二人の選手が出場しました。一人は世界ランキング三〇位から、最近一〇位まで上がってきた選手です。世界三位だったこともある相手選手は、今は下り坂にあるそうです。この二人が対決したら、どちらが勝つ可能性が高いと思いますか」

当時、テレビではリオデジャネイロオリンピックの真っ最中だった。ソユンの話を聞いて、数日前のフェンシングの決勝を思い出した。世界ランキング二一位の韓国人選手が三位のハンガリーの選手を破った試合だった。一〇対一四で負けていた韓国の選手が一気に五点を奪い、一五対一四でゲームをひっくり返したのだ。

メディアの報道によれば、金メダルの韓国人選手は怪我で一年近く練習を中断していたという。怪我から回復したのは、オリンピックまで半年を切った時期だった。それから集中的に実力をつけた結果、その選手はランキングをあっというまに引き上げた。その話を思い浮かべながら、私はこう答えた。

「勢いというのがあるんじゃないでしょうか。それを考えるとランキングが下でも上り調子の選手のほうが有利だと思います。オリンピックを見ると、そういう選手が番狂わせを起こしています」

「そうです、勢いです！　幸運は動くもので、その動きには一定の流れがあります。その流れに乗っていく人が幸運児になるのです。オリンピックに出場する選手はみんな一生懸命ですが、それがすべてではありません。〝上り調子〟という言葉が示すように、運の流れに乗った選手のほうがずっと有利なのです。後れをとっていても、この流れをうまく利用すれば十分に逆転可能です。運の流れに乗った人たちは、水の流れる方向にオールを漕いでいるのと同じなので、その努力に比べて何倍もの加速がつくのです。お金持ちになる道もやはり同じです。運の流れに乗れば、同じだけ努力しても、ずっと楽に、そして効率的にお金持ちになれるのです」

ソユンの説明を聞いて、いわゆる成功したお金持ちとされる人たちをインタビューしたときのことがよみがえった。成功の秘訣を尋ねると、みんな似たような回答をしていた。

「他人よりも努力したとは思っていません。ただ運がよかったのです」

先日読んだ新聞記事もそんな内容だった。世界的なお金持ちたちは「運」を成功の秘訣に挙げるというものだ。サムスングループの創業者、李秉喆《イ・ビョンチョル》会長は成功の三大要素として、運、鈍、根をあげていた。運がよくて、きまじめで、根気強くなければいけないという。フォーブス四〇〇の富豪の一人で、石油の財閥、レイ・ハントはこう言っている。「もし運と才能のどちらかを選ぶとしたら、私はいつでも運を選ぶだろう」。行動経済学の創始者、ダニエル・カーネマンも似たようなことを言っている。「成功は才能と運で決まる」と。

ここまで考えてから、私はおそるおそる質問してみた。

「私が出会ったお金持ちたちもそう言っていました。彼らは幸運の流れに乗る方法を知っているようでした。どうすれば私もその流れに乗ることができるのでしょう」

グルの言葉

・勢い！　幸運は動くもので、その動きには一定の流れがあります。その流れに乗っていく人が幸運児になるのです

・運の流れに乗った人たちは、水の流れる方向にオールを漕いでいるのと同じなので、その努力に比べて何倍もの加速がつくのです。お金持ちになる道もやはり同じです。運の流れに乗れば、同じだけ努力しても、ずっと楽に、そして効率的にお金持ちになれるのです

30 無意識は知っている

午後も遅い時間になり、日差しは濃いオレンジ色に変わっていた。

「幸運は、特別な人にだけ与えられるものではなく、誰もが手にできるものです。もちろんホンさんも幸運を引き寄せることができます。今、森を歩いていて、分かれ道にさしかかったとしましょう。ここで道は三本に分かれています。そのうちの一つはお金持ちになる道、もう一つは今と同じように生きる道、最後の一つは貧しくなる道とします。ただし、草が生い茂っていて、どの道がどちらに向かっているのかはわかりません」

あたたかな光を包み込むように、ソユンがやわらかく両手を広げて言った。私はじっと目を閉じて想像してみた。ファンタジー映画のワンシーンのように、私の前にバーチャルな道が広がっている様子を。ソユンが言葉を続けた。

「ホンさんは、ここで一つを選ばなくてはなりません。お金持ちになる道を選ぶにはどうしたらいいでしょうか」

選ぶ前に気になることがあった。

「一度道を選んだら、戻れないのでしょうか。次の分岐点に出るまで、ずっとその道を行かなくてはいけないのですか」

「そうです。それが運命の法則です。次の選択の時期が来るまで、自分の選択に対する責任を取らなくてはなりません」

そう言われてみると、人生は選択のプロセスだ。誰もがいくつもの分かれ道の前で選択し、人生を続けていく。私もまた大学や職場を選び、結婚相手を選び、会社を辞め、留学の道を選んだ。だとしたら、このすべての選択のプロセスは、幸せなお金持ちになる道と接しているのだろうか。そこまで考えると、ソユンの質問にパッと答えるのは難しかった。

「うーん……お金持ちへの道をどうやって選べばいいのか、ピンときません。正直、よくわかりません」

「そうです、ここでわからないほうがむしろ正解です。〝自分はその道を知っている〟という人たちのほうが危険です。なぜなら、答えは私たちの内面の奥深くに隠されていて、簡単には表に浮かびあがってこないからです」

ソユンは少し黙ってから、また口を開いた。

「心理学者のカール・ユングも〝人間の生涯は無意識の自己実現の歴史だ。無意識にあるすべてのことは、人生のできごとになり、外の現象として現れる〟と言っています。実際に無意識は宇宙のエネルギーと解釈してもかまわないくらい、私たちが夢見るすべてをかなえることができます」

ソユンと対話をして戻ってから、無意識についてさらに調べてみた。心理学雑誌『サイコロジートゥデイ〈Psychology Today〉』によれば、無意識とは、私たちの日常生活に影響を与える信念や怖れ、態度の根源を意味する。意識と無意識を海に浮かんでいる氷山にたとえると、水面上に見える小さな氷山が意識、水中に隠れた巨大な部分が無意識になる。

心理学者たちはいくつもの著書で、無意識の役割とその重要性を強調してきた。ユングは集合的無意識の存在を明らかにし、私たちの無意識は個人の経験以上の多くのことを知っているとした。［カール・ユングが創始した分析心理学の中心的概念。個人的無意識のうち、人類の歴史や文化を通して共有される精神的資料の貯蔵所をいう。ユングは、人類に伝えられる潜在的な意味の貯蔵庫を集合的無意識と考え、個人が世界を経験する素質や傾向だと定義した］エーリッヒ・フロムは自著『夢の精神分析　忘れられた言葉　The Forgotten Language』〈東京創元社〉で、夢を通して無意識の深い場所にある知恵にも到達できると説明した。二〇世紀の心理学の大家とされるミルトン・エリクソンもこう語っている。

「個々人は、無意識の中に自分が知っているよりずっと多くの能力と資源を持っている。不幸にもそれに気づかないため、幸せで満足のいく人生を送ることができない」

自分がきちんと理解しているのか確認したくて、ソユンに訊き返した。

「ということは、私の無意識が……お金持ちになる道を知っているという意味なのですか」

「そうです。私たちの無意識は幸運を呼び込む方法を知っています。運の世界というのは、雨が降ると言いながら、降らないかもしれない天気予報とは違います。まいたとおりに収穫される自然の摂理に沿っています。私たちは無意識に幸運の種をまき、そのときがきたら一寸の誤差もなく、その実を収穫するのです」

ソユンの言葉を聞いたら、よく実った黄金色の穀物を眺める農夫のように、気持ちが豊かに満たされていった。どこからかさわやかな風が吹いてきて、私の頬をなでるようだった。顔を上げて前を見ると、黄金色の波の真ん中に、幸運の女神が座っていた。私は彼女が聞かせてくれた幸運の秘密が気になって、姿勢をまっすぐに正すと、ぴたりと寄り添って座った。

>>> グルの言葉

・私たちの無意識は幸運を呼び込む方法を知っています。運の世界というのは、雨が降ると言いながら、降らないかもしれない天気予報とは違います。まいたとおりに収穫される自然の摂理に沿っています。私たちは無意識に幸運の種をまき、そのときがきたら一寸の誤差もなく、その実を収穫するのです

31 〝ある〟をインプットする

もしかしたら、ソユンはすでにパリで無意識の力について話してくれていたのかもしれなかった。「穏やかでない」というジャック・マーの言葉。彼は自分の無意識に穏やかさをインプットしていた。ソユンはそのとき、こう付け加えていた。自分が無意識という場所にプログラミングしたとおり、人生は展開するのだと。それが本物のお金持ちになる秘密なのだと。

パリでの対話がよみがえり、その瞬間、膝を打った。お金持ちたちが幸運を享受する理由がわかるような気がしたからだ。

「なるほど、わかりました。本物のお金持ちたちは、自分に必要な単語を無意識に入力しているとおっしゃいましたよね。つまり、彼らも無意識を活用して幸運の道を選ぶということではないでしょうか」

ソユンは私を見て、にこっとしてみせた。

「一度で理解できるなんてさすがですね。そうです。お金持ちは無意識にお金が〝ある〟と入力するのです。私たちの脳は、どんな命令がインプットされるかによって、それに合った運の流れを選択するようになっているのです」

「だったら、幸運への道の選び方もわかりそうですね。無意識に〝ある〟を刻印する方法、それが**ハビング〈Having〉**ですよね！」

ソユンの説明を聞いて、ふと間違った選択をした記憶が一つよみがえった。

ＭＢＡの一学年の課程を終えるころになっても、私はまだ夏休みのインターン先が決まっていなかった。希望していたコンサルティング会社と投資銀行のどちらも不採用だったからだ。インターンを終えた友人たちが一人二人と就職に成功すると、私はだんだんと焦ってきた。〈インターンを経なければ、就職先を探すのはもっと大変だろう。これでは卒業しても行くところがないかもしれない。どうしたらいいんだろう〉。時間が経つほど、気持ちはさらに落ち着かなくなった。些細なことでも他人にバカにされているような気がして、学校にも行きたくなくなった。不安で眠れない日が増えていった。

ある日、こんなことを思った。〈博士課程に願書を出してみようか。何もなくて卒業するよりはましだ。いい学校に受かれば、他人からも見下されないだろうし〉急にその気になったので、準備することが山ほどあった。必須科目を履修しなくてはならず、追加の試験も受けなくてはならなかった。私は十歳年下の学部生に混じって、微積分や実解析学〈real analysis〉の授業を受け、図書館でＧＲＦ〈アメリカ大学院入学資格試験〉の勉強に追われた。就職先を調べたり、面接の準備をしたりする時間は当然なかった。

ところが、数カ月間全力投球した結果は惨憺《さんたん》たるものだった。出願した学校にことごとく落ちたのだ。不合格通知がくるたび、私は戦争に負けた兵士のように疲弊し、みじめになった。ようやく気を取り直したときには、私を除く友人全員が、就職や起業を決めていた。卒業はいつのまにか一カ月後に迫っていた。

私の不安は現実のものになった。私は空手で卒業式に臨んだ。卒業しても行くところがなかった。私を欲しがってくれるところは一カ所もなかったのだ。

あのときの敗北感が思い出されると、自然とため息がもれた。

「あのときは不安に襲われて、とんでもない道を選択したんです。誤った選択で富への道からも遠ざかったのです」

ソユンは私をじっと見つめ、黙ってうなずいた。私の気持ちに十分共感しているという顔つきだった。私は彼女の目を見つめ、心から言った。

「でも、今は幸運の流れに乗る方法がわかった気がするんです。これからは過去のような誤った選択をすることはないでしょう。いいお話を聞かせてくださって本当に感謝しています」

彼女があたたかく応えてくれた。

「過去を決めるのは現在です。今、気づきを得るのに役立ったなら、その過去は価値ある財産になったのです。しかも感謝はさらに大きな幸運を呼び込みます。幸運の科学は、成功して幸せになることではなく、幸せに成功することを教えてくれるのです」

グルの言葉

・お金持ちは無意識にお金が〝ある〟と入力するのです。私たちの脳は、どんな命令がインプットされるかによって、それに合った運の流れを選択しているのです

・過去を決めるのは現在です。今、気づきを得るのに役立ったなら、その過去は価値ある財産になったのです。しかも感謝はさらに大きな幸運を呼び込みます。幸運の科学は、成功して幸せになることではなく、幸せに成功することを教えてくれるのです

事例——ハビング〈Having〉で運命の相手に出会う

「先生、私、結婚相手に出会いたいんです。これまで付き合ってきたのは大変な人たちばかりでした。借金があったり無職だったり。正直言って、これからは経済的に余裕のある男性と出会いたいのです」

三〇代半ばの未婚女性がソユンを訪ねてきて助言を求めた。名門大を卒業して製薬会社のマネージャーとして勤務する彼女には、他人に言えない事情があった。裕福な家庭環境で育ったが、大学時代に家が急激に傾き、弟たちの学費や生活費まで稼がなくてはならなかったのだ。

彼女を見て、ソユンはやさしく言った。

「金銭に対する切迫感が同じ周波数の人を引き寄せているようですね。まずはお金の喜びと有益さに焦点を当ててみてはどうでしょうか。一年以内にいいご縁に出会えるでしょう」

ソユンの話を聞いて戻った彼女は、その日から**ハビング〈Having〉**を実践した。**ハビング〈Having〉**の信号を使い、ノートを書いていくと〝ある〟という感情を感じることにも次第に慣れていった。数週間後、ハビング〈Having〉ノートを書き終えた彼女がネットを見ていたときだった。旅行作家の地中海旅行記が偶然目に入った。

〈これだわ。地中海に旅行に行きたい。今まで私はいつ使うかもわからない貯金ばかりして生きてきた。でもこれからはお金が与えてくれる喜びを味わいながら生きていきたい〉

ハビング〈Having〉の信号で確信を得た彼女は、ファンドを解約してそのお金でクルーズ旅行に出発した。夢のような旅行が終わりに近づいたころ、地中海のカフェに座って**ハビング〈Having〉**ノートを書いていた彼女に、声をかけてきた人がいた。

「失礼でなければ、少しご一緒してもよろしいですか」

顔を上げるとやさしげな東洋系アメリカ人が立っていた。話をしてみると二人には共通点が多かった。貧しい移民の家庭で育った彼もやはり、自分の力で事業を成功させて家を豊かにした人だった。二人の会話は真剣な交際へとつながった。

翌年、彼女は彼と結婚してアメリカに渡った。その後、ソユンに宛てた手紙に彼女はこう綴った。

「貴重な教えのおかげで、自分の心が幸運を呼び込むということを知りました。さらに運命的なご縁にも恵まれました。今も私たち夫婦は日々ハビング〈Having〉を実践しながら〝ある〟ことに感謝しています。夫の事業も日増しに発展しています。本当にありがとうございました」

32 相生《そうじょう》

幸運の流れに乗っていくことを考えたらワクワクしてきた。そんな私を見て、ほほえましそうに笑顔を浮かべていたソユンがこう言った。

「ここで幸運の秘密をもう一つ教えましょう」

「ぜひうかがいたいです」

彼女は私が贈ったコーヒーを指して、やさしく言った。

「今日、このコーヒーをいただいてとてもうれしかったです。ここで少し時間を戻して、これを買ったときに戻ってみましょうか。そのときどんな心境でしたか」

バリで休暇を過ごし、私は歓喜に浸っていた。大満足だった旅行、その都度待ち受けていた幸運。このあふれる喜びを誰かと分かちあいたかった。そのとき真っ先に思い浮かんだ人がソユンだった。私を幸運の道へと導いてくれた、大切な恩人。

「プレゼントを買う瞬間、自分のためにお金を使うときよりも、ずっと満ち足りた幸せを感じました。文字通り、完璧な**ハビング〈Having〉**だったんです」

「まさにそれです。**ハビング〈Having〉**の最も高い段階である〝相生《そうじょう》〈陰陽五行で互いを助け調和をなすことを指す言葉〉〟です」

「えっ、相生ですか？」

「ええ、**ハビング〈Having〉**のパワーを最も確実に増幅させる方法です。〝ある〟に対する喜びと感謝が自分を満たし、それがあふれて相生の心になるのです。いいご縁に投資して、持っているものを分かちあうことほど、〝ある〟を確実に刻みつける方法はありません。そして、その心が結局は自分にさらに大きな富となって戻ってきます。つまり、相生は自分の富に対する最も確実な投資なのです」

「相生という言葉は聞き慣れませんね。ふつうは分け与える、と言う気がして」

ソユンはゆっくりとかぶりを振った。

「分け与えるというのは、一方向にだけ行く一方通行のような感じです。また西洋の〝Ｗｉｎ－Ｗｉｎ〟とも違います。〝Ｗｉｎ－Ｗｉｎ〟はあくまでも〝与え受け取ること〈give and take〉〟で、自分が相手に利益を与えれば、相手もそれにふさわしい対価を返してくれるとう概念です。与える分だけ受け取るという意味なので、分け与える方向と大きさが、すでに決まっているのです。ですが、相生は必ずしもその分だけ報いを得るという意味ではありません」

「ちょっとわかってきました」
「相生というのは、自分がまず施せば、宇宙のエネルギーがめぐりめぐって、さらに大きな幸運として自分に戻ってくるという意味です。木、火、土、金、水からなる五行の概念を考えてみれば、理解しやすいでしょう。木が火の燃料になってあげれば、火が土を温め、土が地中で固い岩をつくれば、その岩のあいだから水が流れます。そして水が一回りして木を育てるのです。これが自然の摂理です」

その言葉を聞いて、しばし想像してみた。私が分け与えたエネルギーが雪だるま式に膨らんで、私に大きな豊かさを引き寄せる様子を。小さな相生が集まって、自分をお金持ちにしてくれると思うと、満たされた気持ちになった。

相生についての説明を聞いて、二人のスーパーリッチを思い出した。ビル・ゲイツとウォーレン・バフェットだった。

一九九一年、ゲイツは母親の紹介でバフェットに初めて会った。運命的なその出会いについて、ゲイツはこう回想している。

「じつはその場には行きたくなかった。だから二時間以内に会社に戻るという条件をつけた。ところが彼と会うなり、二人で時間が経つのも忘れて会話に夢中になった」
［'25years of learning and laughter',2016.07.05.,www.gatesnotes.com］

じつはゲイツが寄付に開眼したのはバフェットの影響だった。彼から手渡された貧困問題のレポートを読んだことが、考え方を変える大きな転換点になったのだ。二〇〇〇年、ゲイツが自分の名前を冠した財団を設立すると、二〇〇六年、バフェットは自身の株式の八五パーセントをゲイツの財団に拠出すると宣言した。

一方、彼らは自分のお金を寄付するだけに留まらなかった。二〇一〇年から始めた「ギビング・プレッジ〈Giving Pledge　資産の半分以上を社会に寄付しようという運動〉を通して、ほかのお金持ちたちの参加をうながしたのだ。ゲイツが財産の九五パーセント、バフェットが九九パーセントを寄付すると宣言すると、百人を超える億万長者が二人の寄付運動に賛同した。そうして約定された寄付金は総額五千億ドル。二人が見せた相生に多くの人が肯定的な影響を受けたというわけだ。

ここまで考えて、さらに検索してみると、私は驚かずにいられなかった。この相生を行ってから、二人の富豪の財産は倍近くに増えていたのだ。経済誌『フォーブス』

によれば、ゲイツの資産は五〇〇億ドル〈二〇〇六年〉から九六五億ドル〈二〇一八年〉に増加し、同じ期間、バフェットの富も四二〇億ドルから八二五億ドルに大きく跳ね上がった。ソユンが言ったとおりだった。相生がさらに大きな幸運を呼び込んだのだ。

「ゲイツとバフェットも相生を通してハビング〈Having〉のパワーを増幅させたんですね。お互いによい影響力を与えあい、世の中とエネルギーを分かちあった結果が……ものすごいですね！」

一方で、少し気になる部分もあった。私はそれとなく訊いてみた。

「ということは、私も億万長者のように寄付をしなければいけないんでしょうか。私のような平凡な人間には少し遠い話に感じられるのですが」

「その方法や対象は、必ずしも寄付を意味するわけではありません。周りの人や恩人がその対象にもなるでしょう。ただ、自分の財運に投資するわけですから、慎重に行うのがいいでしょう。とんでもない人に投資をしてはいけません。簡単な方法があるとすれば、**ハビング〈Having〉**の信号に従うということです」

「なるほど、誰に投資するかが重要だということですね」

ソユンはやさしくうなずくと、力を込めてこう言った。

「そうです、相生という甘い実を味わうためには、きちんとした種をまかなくてはならないのです」

グルのストーリー——幸運の女神

人々は運が変化する直前に、グルと会うことになる。奇跡のような幸運が近づいている、あるいは重大な危機が目の前に迫ったそのとき、ソユンと運命的に出会うことになる。運の岐路の前に立った人々は、ソユンのおかげで大きな不運を免れることができた。「幸運の女神」「マインドセットの大家」……。ソユンに会った人々が彼女の洞察力に賛辞を惜しまないのも当然だった。

だが、三〇を目の前にしたソユンは自問していた。それは、自分の助言が呼び寄せたバタフライ効果に対する疑問だった。ソユンの導きで誰かがライバルに勝ったとしたら、その結果、敗北した人はどうすればいいのか。彼女に助言されてリストラを断行した会社があったとしたら、解雇された人たちはどう生きればいいのか。蝶のはばたきが大きな台風を呼ぶように、ソユンの存在も多くの人々の人生に直接的、間接的に影響を及ぼしていた。重い責任を感じないわけにはいかない問題だった。

心の中の苦悩が深まると健康にも異常が生じた。原因不明の症状が現れたのだ。講演中に意識を失ったことも、体を支えられないほど気力が衰えたこともあった。病院で検査しても特別悪いところは見当たらなかった。

逆説的なのは、心身ともにつらい時間を過ごしているあいだ、彼女の内面の気づきは深まっていったということだった。この時代がどこからきて、どこに流れていくのか、またその流れの中で私たちはどう生きていけばいいのか……。これらの問いについて、より深く洞察することになった。こうした気づきは学んで得られるものではなかった。扉を開いて別の部屋に入っていくように、ある瞬間、自然と悟ることになるものだった。

自分自身を見つめる時期を過ごしていた彼女に力を与えてくれた言葉があった。それは一〇代のころに出会ったある師匠の助言だった。

「世の中で最も貴いことは、人をよく見て、信じ、その人に投資することだ」

途切れることなく訪れて感謝を伝える人たちもソユンの心を動かした。そのなかで深い印象を残した三〇代の事業家がいた。彼はある期間、海外に出るなどという助言を受けて、休暇の予定をすべてキャンセルした人だった。予定していた旅行先で大災害が発生したことをニュースで知った彼は、ソユンを訪ねてきて心からの感謝を伝えた。

「本当にありがとうございました。先生のおかげで私と家族は大きな災害に巻き込まれずに済みました。このご恩をどうお返ししたらいいのでしょう」

ある日、明け方の瞑想を終えたソユンは、ゆっくりと目を開けた。

「人々をお金持ちにするのが私の運命ならば、それを受け入れよう。私を信じてくれる人々が幸運を授かれるよう、力になろう」

その瞬間、直感した。自分が悟った富の秘密が、いつか世の中に伝えられるだろうという予感だった。そして何年かののち、心からの私の切実なメールが彼女のもとに届くことになる。

Part Ⅵ

幸運の道を歩く

33　竹林

京都郊外の嵐山駅で電車は止まった。日本の貴族の休養地だったこの小さな町で、私はソユンと会うことになっていた。電車から降りて、駅を出ながら深く息を吸い込んだ。気持ちのいいしっとりとした空気が胸を満たした。ふと空を見上げてつぶやいた。

「雨が降りそうだわ……」

私たちは、映画『ＳＡＹＵＲＩ』にも出てきた竹林でおちあうことになっていた。そこに向かう古い木造の橋の上で、しばらく足を止めてあたりを見回した。木々の青葉が生い茂った小高い山のふもとに、こぢんまりとした日本家屋が立ち並ぶ。向かいの山からは深い緑陰を含んださわやかな風が吹いてきた。その澄みきった風を吸い込むと、森の香りが全身に広がっていくようだった。「ああ、気持ちがいい」。呼吸するだけでも自然と**ハビング〈Having〉**になっている気がした。

ハビング〈Having〉を始めた頃は、なかなか慣れなかった。**ハビング〈Having〉**をするのをうっかり忘れてしまうこともあった。でも最近は、お金を使うとき以外でも頻繁に〝ある〟ことを感じていた。**ハビング〈Having〉**は、今や呼吸をするように私の生活の一部になっていた。

そんな考えに浸りながら歩いていると、いつのまにか待ち合わせの場所に近づいていた。遠くに、竹林を静かに眺めるソユンの姿が見えた。霧に包まれた竹林の中で、黒い柄物のラップワンピースを着たソユンは、まるで掛け軸の東洋画のようだった。

ソユンとあいさつを交わしてまもなく、ぽつぽつと雨が降りだした。私たちは傘をさして竹林の道をゆっくり歩いた。半歩ほど先を行くソユンがふと足を止めて、竹の葉に落ちる雨粒を見ていた。ぱらぱらという雨音、雨に濡れる竹林、静寂……。趣のあるその雰囲気に、私はすっかり魅了されていた。

「ああ、こんなふうに雨の中を散歩するのも素敵ですね。こんな時間は自然と**ハビン**

グ〈Having〉になっている気がします」

私の言葉に、ソユンは親しげなほほえみで応えた。

竹林から完全に抜けるころ、雨は次第に上がってきた。私たちは舟のりばで待っていた小さな舟に乗って、ソユンが宿泊する旅館へと向かった。舟から降りてゆるやかな坂を上ると、百年の歴史はありそうな古い宿が姿を現した。静かなたたずまいの日本式庭園と小さな池を通りすぎ、建物の中にあるレストランに席を取った。

窓の外の木々の葉は小さな雨粒をつけていた。そよぐ風に雨粒が木の葉と一緒に揺れている。まもなく最初の料理が運ばれてきた。マスタードソースを使ったナスの一品と鱒寿司、小ぶりの魚の焼き物、ジャガイモのおそばが竹籠にきれいに盛られていた。思わず嘆声がもれた。

「わあ、なんて素敵なんでしょう。何から手をつけたらいいか迷いますね」

ソユンが燻製の鱒寿司を箸で取るのを見て、私も同じものを選んで口に運んだ。おいしいお米とほのかな燻製の香りが一つになった。口いっぱいに気持ちのいい満足感が広がった。

私は頭の中に浮かんだ考えを整理して話そうとした。

「前回、一人でいる時間を持つようにと言われて、最近は**ハビング〈Having〉**ノートを書きながら静かに考えを整理しているんです。そのとき、なんだか内面の声が聞こえるような気がして……」


最後のほうは自信がなくてあいまいな言い方になった。

最近、私はこんなふうに自問していた。私が本当に望んでいる人生は何なのだろう、どうすれば望む人生に向かっていけるのだろう、と。一人きりの静かな時間を持ち、**ハビング〈Having〉**をしていると、ときどき心の中でかすかな音声が聞こえるような感じがあった。でも、その内容が何なのかは、まだはっきりしなかった。

私の話を聞いて、ソユンはあたたかく答えてくれた。

「ふだん、私たちは他人や世の中に目を向けています。ところが一人でいる時間を持つようになると、その目を自分自身に向けることになります。そして自分自身と対話する方法を学ぶのです」

ソユンがそう言い終わると、端正なお皿に刺身が何点かきれいに盛りつけられて出てきた。私は一つ取って口に入れた。やわらかく旨味のある刺身が口の中ですっと溶けた。味わいながら、私は日本に来る前に新しく発見したことを思い出していた。

それはカードの請求書を受け取った日のことだった。メールで送られてきた請求書を開く前に、私は目を閉じて心を落ち着かせていた。〈ハビング〈Having〉をやって楽しくお金を使ったから請求額は多いかもしれない。仮にそうだとしても、動揺しないようにしよう。自分の感情を利用して、もっと大きなお金を引き寄せているのだから、額はたいした問題じゃない〉

頭を整理してから、私は穏やかな気持ちでメールをクリックした。すると、パソコンの画面には意外な数字が現れた。先月よりも請求額が少ない。どうしたのだろう。生活は変わらないのに……なぜ請求額が減っているのだろう？　昔のメールを探して、ハビング〈Having〉をする以前の請求書を確認してみた。

〈どれどれ……あのときは十万ウォンのパンツを衝動買いしたんだった。仕事のストレスの憂さ晴らしに買ったんだっけ。三〇万ウォンのこの布団セットは……ああ！テレビの通販でタイムセールをしていて六回払いで買ったんだ。買ったはいいけど必要なくて、一度も使っていない。スーパーの閉店前セールで二〇万ウォンも使っている。その日、買ったのは結局、半分も食べなかったのに……ハビング〈Having〉の信号で見たら、全部赤信号ね！〉

請求書を見比べてみて気づいた。ハビング〈Having〉をやり始めてからは、必要のない支出が減っている。私はもう衝動買いや他人につられて買ったりしなくなった。安いからととりあえず買ったり、つまらない無駄遣いをしたりすることも減っていた。本当に欲しいものだけに集中したからだろうか。カードの請求書には、私が満足し、喜んだ経験だけが並んでいた。

一方、入ってくるお金は雪だるま式に増えていた。ハビング〈Having〉をする前、私の辞書には「臨時収入」という単語は存在しなかった。五万ウォンすら入ってこなかった。ところが最近は思いがけないお金がぽんぽん入ってきたりする。ときには数十万ウォン、あるときは数百万ウォンも。つねに底をついていた私の通帳は、今ではなみなみと水をたたえるように、余裕の残高を維持していた。

ここまで考えた私は、感嘆するように言った。

「じつは**ハビング〈Having〉**をすればもっとお金を使うようになると思っていたんです。でも、自分の消費を振り返ってみて驚きました。出ていくお金は減っているのに、入ってくるお金は増えている。とても不思議です」

34　悪縁にはまる理由

ハビング〈Having〉を始めてから経験した、人生の小さな変化について話しているころ、メイン料理が出てきた。ジュージューと焼かれた和牛ステーキと天然きのこの焼き物だった。そしてモチモチした白いご飯まで食べ終えると、あたたかな充足感に満たされた。食事を終えるころ、私は**ハビング〈Having〉**をやって気になったことを尋ねてみた。

「**ハビング〈Having〉**をしていて停滞期だと感じたことがありました。二週間経ってもこれといった幸運がやってこなかったからです。少し戸惑いましたが、不安にならないよう努力しました。そのときノートを読み返したのですが、読みながら幸運に出会ったときの感情をもう一度味わったら、不安がようやく収まりました」

ソユンは静かに食事を終えると、こう答えた。

「そうですね、勉強にスランプがあるように、誰にでも停滞期は訪れるものです。まず、待っている期間にも**ハビング〈Having〉**をやめなかった点はすばらしいですね。否定的な気持ちを鎮められるようになるのは、**ハビング〈Having〉**で得られる一つの成果です。成長されましたね」

続いて彼女は待つということについて、ある古典の解説をしてくれた。

待つときにもっとも重要なのは信頼と確信である。信頼と確信があれば、待つことに不安がなく、当然よい結果が訪れる。

タイミングは、招いていない三人の客が来たことでわかる。それは天と地、人である。天が定めた時期と地が恵んだ環境が整い、助けてくれる恩人が現れたとき、待つのをやめて、大河を渡り、偉大なる冒険ができるのだ。

とくに恩人の出現は、いちばん目に見え、即座にタイミングに気づける方法だ。よって、恩人がやってきたことを見逃さずに、敬意をもって迎え入れ、意向を受け入れて実行すれば、最終的には吉となる。

——『周易』

「待つ時期に一つ留意すべきことがあります。悪縁の誘惑には注意してください」

「えっ、悪縁ですか」

湯呑み茶碗を持ったソユンは窓の外に目をやると、しばらく沈黙していた。そしてゆっくりと私のほうを向いて説明を続けた。

「人の大切な気持ちは尊い縁に使うべきですが、その気持ちを悪縁に注いでしまうと不幸を招きます。人の幸不幸は他人との縁によって決まることが多いのです。幸運が恩人を通してやってくるように、不幸は悪縁を通してやってくることが多いのです」

それを聞いて、記者時代に出入りしていた警察署での光景を思い出した。そこには悪縁のために訴訟や暴力に巻き込まれた人たちがたくさんいた。借金の保証人になってしまって財産を失った人、詐欺にあって大金を失った人、相続問題で争いになり警察に来た人。さまざまな人がさまざまな事情で泣き、怒り、怒鳴っていた。

悪縁のために苦しんだ後輩のことも思い出された。数年前の集まりで会ったとき、彼は付き合い始めた恋人と一緒だった。数カ月前に株で大損していた後輩は、そのストレスと喪失感を忘れようとしてなのか、恋愛にのめりこんでいるように見えた。そして数カ月後、私は驚く噂を聞いた。恋人が後輩に数千万ウォンを借りたまま忽然と消えたというのだ。おまけに後輩の友達にも近づいて、なんだかんだ言い訳をして数百万ウォンずつ巻き上げていったという。後輩にしてみれば、お金はもちろん友達まで失った事件だった。

そのことを思うと、悪縁がどれほど怖ろしいかが実感できた。私は身震いして言った。

「考えるだけでもぞっとしますね。それにしても、よりによってどうして待っている時期に、悪縁に弱くなるのですか」

残念そうな表情でソユンが答えた。

「悪縁は悪魔のキスと同じで、人の心の弱い部分につけ入るのです。悪縁の多くが最初はとても甘いものに感じられます。口にすると甘いけれど、体には悪い食べ物のようにです。それで気持ちが不安定なときは悪縁になびきやすいのです」

「悪縁の罠にはまらないためにはどうすればいいのでしょう?」

「人が悪縁に陥りやすいのは、過度な期待のせいです。相手から与えてもらうことばかり考えて、目がくらんでしまうのです。一方、〝先に与える〟〝もらったものより多く返す〟という気持ちがあれば、悪縁を避けていいご縁に出会えます」

そう聞いたとたん、最近あったできごとを思い出した。しばらく音沙汰のなかった友人から電話がきた。ところがいきなりお金を貸してほしいと言う。正直、気が向かなかった。久しぶりに連絡してきて強引にお金の話をするなんて……。かといって断るのも気が引けた。冷たいと思われるのもいやだったし、友達のあいだで自分の評判が落ちるのもいやだった。

そうしてお金を貸して数カ月経った。いまだにその友人からは何の連絡もない。もやもやとするそのできごと思い出しながら、私は遠慮がちに訊いてみた。

「もし、周りにすでに悪縁があったとしたら……」

ソユンは落ち着いた口調で、きっぱりと言った。

「悪縁は断ち切らなくてはいけません」

そういえば、悪縁に縛られた人はほとんどが無気力だった。悪い縁だとわかっていながら、それをどうすることもできないでいるケースが多かった。でもソユンの言葉から、こんな知恵を得ることができた。私たちには悪縁から抜け出せる内なる力がある。恩人を信じて、自分の中にあるその力を育てていけばいいのだと。そして胸がいっぱいになった。ソユンのような恩人に出会えるなんて……。私は心の中で静かに繰り返した。

〈そう考えたら、私はとてつもなく幸運な人間なんだ。こうして恩人に出会えたのだから、私の待つ時間もそろそろ終わるはずだ〉

≫ グルの言葉

・人の大切な気持ちは尊い縁に使うべきですが、その気持ちを悪縁に注いでしまうと不幸を招きます。人の幸不幸は他人との縁によって決まることが多いのです。幸運が恩人を通してやってくるように、不幸は悪縁を通してやってくることが多いのです

・人が悪縁に陥りやすいのは、過度な期待のせいです。相手から与えてもらうことばかり考えて、目がくらんでしまうのです。一方、〝先に与える〟〝もらったものより多く返す〟という気持ちがあれば、悪縁を避けていいご縁に出会えます

事例――夢が大きいほど、待つ時間も長くなる

「まもなく副社長に昇進しそうなのですが、引き受けても大丈夫でしょうか」

グローバル電子企業の役員の一人がソユンを訪ねて助言を求めた。慎重な言動と完璧な業務処理で評価される男性は、社内で次世代リーダーの候補とされてい

た。昇進の機会を控えて、少し興奮した様子が見てとれる彼に、ソユンは丁寧にアドバイスした。

「お断りする意思を伝えるほうがいいでしょう。今は上下関係をきちんと整理するなど、器をしっかりつくっておくべきです。器を満たすときではありません。今回のオファーを受けると、かえって失脚してしまうことが起こりえます」

彼女はこうも付け加えた。

「ここで待つというのは、柿の木の下で寝転んで柿が落ちてくるのを待つような、怠惰や消極的な待ちとは違います。**ハビング〈Having〉**をやりながら自分に投資する積極的な待ちです。覚えておいてください。夢が大きいほど待つ時間も長くなることがあります。**ハビング〈Having〉**を通してそのときを準備する人だけが、もっとも大きな果実を手にすることができるのです」

彼はソユンの助言どおり、昇進のオファーを断った。かわりに副社長に昇進したのは彼のライバルだった。周りは彼の意外な行動に驚き首をかしげていたが、男性は気に留めなかった。むしろハビング〈Having〉に専念して自分だけの時間を持ち、自らの身辺を整えていった。

案の定、ライバルだった副社長はほどなく大きな訴訟に巻き込まれた。前任者のミスが今になって発覚したせいだった。災難は続き、訴訟のために会社の株価が下落し、売上実績まで下降線をたどった。結局、ライバルはすべてを放棄してその場から退かなくてはならなかった。

そして三年後、ソユンにアドバイスされたその役員はCEOの座にのぼりつめた。グルの言葉を信じ、そのときを待った末に、不運を避けてさらに恵まれたチャンスをつかむことできたのだ。

35　サターンリターン〈土星回帰〉

半分ほど開いた障子戸の外に、澄んだ小川と緑の木々が見えた。食事を終えた私たちは畳に座り、緑茶を味わっていた。清々しい森の香り、鳥のさえずり、お茶のほのかな香り、私に教えを施してくれる師匠。映画のワンシーンのようにすべてが完璧に調和した時間だった。

静まり返ったその情趣に浸るように、ソユンが窓の外を眺めながら、詩の一節をそらんじた。

心が揺れれば、雑多なものが現れるが
心が静かなら、雑多なものが消えていく

お茶を一口飲んでから、私は軽い話題で会話を再開した。

「三〇歳になる直前、旅行で京都に来たことがあるんです。そのときは京都が退屈で、窮屈にも感じていたのですが、今はそう思いません」

ソユンが急須を傾け、ゆったりとお茶を注いだ。浅緑色のお茶が澄んだ音を立てて湯呑みに注がれた。

「三〇手前なら、人生で大切な教訓を学ぶ時期ですね」

私は穏やかな気持ちでその当時を思い浮かべた。

「会社に勤めて五年くらい経ったころでした。それまでは惜しんで節約すれば、努力した分、裕福になると信じていました。それでせっせと貯蓄に励みました。ところがある日、急に気になったんです。そうやって二〇年、三〇年貯めて、どれだけ貯まるのかと」

お茶をもう一口飲んで、話を続けた。

「電卓を叩いてみてがっかりしました。お金持ちになるなんて無理だと思ったのです。そして夢が破れると、自分の目の前の現実が受け入れられなくなりました。一生懸命がんばったところで、ここにいつづけるか、他人より後れを取るのははっきりしていました。しばらくは落ち込みましたが、脱出口を求めてここまで来たのです」

ソユンがうなずきながらこう言った。

「そのときが、ホンさんのサターンリターンの時期だったのですね」

サターンリターン。初めて耳にする言葉だった。ソユンはサターンリターンについて説明してくれた。

私たちは普通、三〇年を「一世代」と数える。子どもが成長して親の役目を受け継ぐ周期を一世代とするものだが、これは土星の公転周期である二九・四五年とも重なる。西洋占星術でいうサターンリターンとは、土星が太陽の周りを一周して元の場所に戻ってくる周期のことだ。人生では二八・五〜三〇歳がその時期にあたる。占星術で土星は、子どものころの夢と幻想から目覚め、現実に対する自覚や行動に対する責任を要求する厳格な星だ。すなわちサターンリターンは、独立した運命体として親の懐から離れ、真の意味で大人に生まれ変わらなくてはならない時期なのだ。

「サターンリターンは普通、二八～三〇歳と、五八～六〇歳の二度訪れます。この時期は幻想や誤った思い込みから目覚めて、大きく跳躍できる時期です。うまく活用すれば人生のクォンタムジャンプが可能なのです。この時期に**ハビング〈Having〉**を通して内なる声に集中すれば、最大限の効果を得ることができます」

ソユンがじっくりと説明を続けた。

「この時期には厳しい試練が訪れたりもします。それを拒まずに、乗りきらなくてはなりません。土星の別名は〝厳格な師匠〟です。アメよりムチを使って教え悟らせるのです。それでこの時期には仕事で試練にあったり、体を壊したり、家族に問題が生じたりと、自分を苦しめるできごとが起こったりするのです」

「そういえば、京都に来る前、私もサターンリターンの時期で、あんなにつらかったのかもしれません」

彼女がうなずいてから言った。

「仏教に〝啐啄同時《そったくどうじ》〟という言葉があります。卵の中からはひなが、外からは親鳥が、同時に殻をつついて割ろうとすることです。サターンリターンの時期も同じです。殻を割ろうとする自分の意志と、これを割ってあげようとする宇宙のエネルギーが出合うのです。この時期に経験した苦しみは、外の世界に出るのに役立ちます。殻を破り、本当の世界に出てくれれば、運を最大限に活用して人生を変化させることができるのです」

帰ってから、サターンリターンを利用して大きな飛躍を果たした歴史上の人物を探してみた。王族として生まれた釈迦牟尼《しゃかむに》は、二九歳のときにすべてを捨てて、王宮の外に出た。出家して六年間の修行を経た彼は、菩提樹の木の下で悟りを開き、仏陀《ブッダ》となった。アンドリュー・カーネギーが一二年間勤めた鉄道会社を辞めたのも三〇歳のときだった。以後、カーネギーは製鉄所と溶鉱炉の会社を続けて設立し、「鉄鋼王」となる基盤を固めた。トーマス・エジソンは二九歳のときに研究所を設立して、本格的に発明家としての道を歩み始めた。研究所をつくった最初の年、彼はカーボンマイクロフォンをつくり、電話機の実用化に成功している。

だがソユンと話をしていたときは、そんなことまで考える余裕はなかった。サターンリターンの時期を素通りしてしまったという思いに、ただ泣きたい気分だった。当時、私は現実の壁の前で挫折しただけで、何の行動も取らなかった。当然、殻を破って出ることも、大跳躍もなかった。

「どうすればいいのでしょう。私は何もせずにサターンリターンを通りすぎてしまったみたいで……。次は六〇歳になるまで待たないといけないのですか」

思いやりのこもった強い口調でソユンが言った。

「いいえ。心配いりませんよ。サターンリターンのときの教訓は今も有効です。その意味に気づくことさえできれば、殻を破って飛び出すことができます」

あたたかいその声を聞いて、胸の中に太陽のような希望が湧いてきた。そう、十年も遅れたかもしれない。でも今、私は師匠に教えを受けている。卵の外側からソユンが殻をつついてくれていると思うと、これ以上、心強いことはなかった。殻を割って飛びたつ日も、そう遠くなさそうだ。

>> グルの言葉

・サターンリターンは普通、二八～三〇歳と、五八～六〇歳の二度訪れます。この時期は幻想や誤った思い込みから目覚めて、大きく跳躍できる時期です。うまく活用すれば人生のクォンタムジャンプが可能なのです。この時期に**ハビング〈Having〉**を通して内なる声に集中すれば、最大限の効果を得ることができます

・仏教に〝啐啄同時《そったくどうじ》〟という言葉があります。卵の中からはひなが、外からは親鳥が、同時に殻をつついて割ろうとすることです」

・サターンリターンの時期に経験した苦しみは、外の世界に出るのに役立ちます。殻を破り、本当の世界に出てくれれば、運を最大限に活用して人生を変化させることができるのです

事例――試練をチャンスに

「サターンリターンの時期の試練を前向きに利用すれば、驚くような奇跡が起こるかもしれません。狭い卵の中に閉じ込められたひなと、卵を割って広い世界に出たひなの夢が同じはずがありません。この時期に変化する自身の未来像と期待値を受け入れて、行動に移してみてください」

ソユンは思いやりを込めて、念押しした。

米大統領だったビル・クリントンもサターンリターンの時期に困難にぶつかっ

た。イェール大学を卒業し、米連邦下院議員に立候補したが、わずか五千票差で落選したのだ。当時二八歳。しかし彼は挫折しなかった。四年後、アーカンソー州知事選挙に挑み、アメリカ史上最年少で州知事に当選した。

現代《ヒュンダイ》グループの創業者、鄭周永《チョン・ジュヨン》も似たような経験をしている。二八歳のとき、彼が設立した自動車修理工場の「アートサービス」が日本に強制合併された。三年後、彼が失敗を踏み台にして設立した会社が「現代自動車工業社」と「現代土建社」だった。この会社をもとに現代グループは目覚ましい発展を重ねていく。

ソフトバンクの孫正義には世界的なＩＴ企業をつくりたいという夢があった。だが会社をつくってまもなく慢性肝炎と診断される。医師には余命五年と宣告されたが、彼はあきらめなかった。病床で四千冊の本を読破し、再起を誓った。健康を回復し、会社に復帰したのが二九歳。その後、夢に描いたとおりに「ソフトバンク」を世界的企業に育てていった。

36 固定観念を壊す

「今年、六五になる母を思い出します。還暦を過ぎたので二度のサターンリターンが過ぎたわけですよね。母のように年を取った人でも**ハビング〈Having〉**をすれば幸運を引き寄せることができるのでしょうか」

対話をしていたら、ふと母のことが思い浮かんだのだ。父を見送ってからも自分のためにお金を使うことがない母。これからはもう少し楽に生きてほしいと話しても、いつもこんな答えが返ってくる。「これまでずっと節約して生きてきたのに、いまさら変えろと言われてもね」。私は一人残された母に幸せでいてほしい。父はあんなふうに逝ってしまったが、母には残りの人生をたっぷり楽しんでほしかった。そして私は知っている。そのいちばんの方法が**ハビング〈Having〉**だということを。

私の質問にソユンは明快に答えてくれた。

「遅すぎるということはありません。ハビング〈Having〉がもたらしてくれる幸運は年齢を問いません」

少し黙ってから、再び言葉を続けた。

「問題は固定観念です。二〇代であっても固定観念にとらわれていればハビング〈Having〉の効果を望むのは難しいでしょう。反対に、七〇、八〇代でも固定観念から自由になれれば、いつでもハビング〈Having〉でお金持ちになれるのです」

思いがけない答えだった。年齢ではなくその人の固定観念が問題だという意味だった。古くて頑固な私の考えを変えてくれる、その洞察力に思わずうなった。

「なるほど、そういうことですね！　では、固定観念から抜け出せれば、誰でもハビング〈Having〉でお金持ちになれるということですか」

「そうです。固定観念は自分の心をのぞくレンズを曇らせ、お金持ちへの道を閉ざしてしまいます」

すべてに合点がいった。サターンリターンの時期に、なぜ私がその場にしゃがみこんでしまったか。

「あのときは、お給料を貯める以外には何も方法がないように思っていました。だからお金持ちにはなれないと最初からあきらめたんです。今思えば、固定観念に縛られていたんですね」

そういえば、いつも決定的な瞬間に固定観念に足を引っ張られた。新たな挑戦を前にしたり、お金持ちになるという夢をみたりすると、誰かが耳元でこうささやくような気がしたのだ。

「この不景気に挑戦するって？　とんでもない！　新聞を見ても、落ちぶれてしまった人がごろごろいるのに。世の中は崖だらけ。おとなしく会社に通って楽して給料をもらうのがいちばんだよ」

「そんな平凡な人間がどうやってお金持ちになるの？　相続した財産とかものすごい才能があるわけでもないのに。早く夢から覚めてよ。しっかりして！」

ここまで考えたら、私を閉じ込めていた固定観念について、もう少し詳しく知りたくなって訊いた。

「情報技術の発達で第四次産業革命が加速して、これまでの概念が少しずつ壊されつつあるように思います。以前は医師や弁護士になることや、いい会社に就職するのがいちばんだとされていましたよね。ところが最近はそうではなくて、起業して他人とは違う道を歩む人も増えています。Ｙｏｕｔｕｂｅｒやクリエイターなど新しい職業を選んだ人たちが成功するケースも増えていますよね」

ソユンが口元にほほえみを浮かべたまま、同意するようにうなずいた。

「ご指摘のとおりですね。ですが、簡単には壊れないものもあるんですよ」

そう言うと、私をじっと見て、こう質問した。

「ハビング〈Having〉では、何がいちばん重要だとお話したでしょうか」

「合っているかわかりませんが……感情……だと言っていたような気がします」

「ええ、そうです。そう簡単に壊されない固定観念は、まさに感情に絡んだものです」

その意味を考えていると、彼女が問いかけてきた。

「では、友達が夫と離婚したと言ってきたとしましょう。その人に何と声をかけますか」

「そうですね、つらいだろうから、まずはなぐさめて……」

「それです。それが感情に対する固定観念なのです」

彼女は魅惑的な革命家のように、私が長いこと信じてきた概念を見事にひっくり返した。

「私たちはよいことや悪いことをすべて決めてかかり、それに伴う感情までも社会的に決めつけるのです。恋人や配偶者との別れ、体を壊すこと、仕事や事業がうまくいかないこと……。こういったことは、どんなときでもつらくて不幸なのでしょうか」

少し考えてから、私はゆっくりと首を横に振った。

「必ずしもそうではないと思います。有名人のサクセスストーリーを聞いても、必ずこんな話が出てきます。会社が潰れたあとでさらに事業を大きく成功させるとか、離婚後に世界的作家になったというような話です」

「数万人の事例を分析してみてわかったのですが、すべてのできごとには、つねに反転の機会が備わっています。重要な時期に与えられた甘い仕事があとから毒となるケースも多く、誰から見ても不幸なことが、じつはその人を再生させたりすることも多いのです。私も、健康状態がすぐれなかった時期に思いがけない気づきを得て、仕事が進展したこともありました」

「なるほど。たしかに他人が決めた基準やものさしが、自分の感情まで決めつけてしまったことがたくさんありました」

彼女はきっぱりと言った。

「ホンさん、感情に対する固定観念は、科学的な真実ではありません。それは社会的な通念にすぎないのです。問題は人々がそこに縛られているときに起こります。固定観念は人を特定の感情に縛りつけて、すでに閉じてしまった扉にばかり目を向けさせます。顔さえ上げれば、新たな扉が開いているのに、それを見えないようにしてしまうのです」

「あなたの時間は限られている。だから、他人の人生を生きて時間を無駄にしてはいけない。ドグマにとらわれるな。それは他人の考えに従って生きることだ。他人の意見という騒音にあなたの内なる声がかき消されないように。重要なのは、あなたの心と直感に従う勇気を持つことだ」

——スティーブ・ジョブズ

≫ グルの言葉

・遅すぎるということはありません。ハビング〈Having〉がもたらしてくれる幸運は年齢を問いません

・そうです。固定観念は自分の心をのぞくレンズを曇らせ、お金持ちへの道を閉ざしてしまいます

・重要な時期に与えられた甘い仕事があとから毒となるケースも多く、誰から見ても不幸なことが、じつはその人を再生させたりすることも多いのです

・感情に対する固定観念は、科学的な真実ではありません。それは社会的な通念にすぎないのです。問題は人々がそこに縛られて

いるときに起こります。固定観念は人を特定の感情に縛りつけて、すでに閉じてしまった扉にばかり目を向けさせます。顔さえ上げれば、新たな扉が開いているのに、それを見えないようにしてしまうのです

事例――年をとっても

一九五七年、安藤百福《ももふく》に不運が迫っていた。理事長をやっていた信用組合が突然倒産したのだ。当時、彼は四七歳。財産は家一軒がすべてだった。どうやって食べていけばいいのかわからなかったが、彼は自分を育ててくれた祖父の言葉を思い出し、元気を出した。

「どんなにつらくても絶望するな。自分を信じて研究していれば、いつかお金持ちになれる」

ある日、彼はラーメンを食べるために列を作る人々を目にした。そのときとっさに思いついた。手軽に作れるラーメンを開発するというアイデアだった。食べ物についての知識も経験もなかったが、かまわなかった。新しい麺の商品を開発するという一心で、狭い地下室にこもって研究にいそしんだ。

翌年、妻が天ぷらを揚げるのを見て、彼は膝を打った。

「そうか、麺を油で揚げればいいのか！」

そうして完成したのが現在のインスタントラーメンだ。インスタントラーメンの開発に成功したとき、彼は四八歳。平凡な会社員なら定年後の計画を立て始めてもいい年齢だった。

彼の挑戦は還暦を過ぎても続いた。六一歳で、お湯を注いで作るカップラーメンを開発したのだ。九七歳でこの世を去るまで、毎日ラーメンを食べたことでも有名だ。インスタントラーメンが体に悪いという固定観念を覆すためだった。

サムスングループの創業者、李秉喆《イ・ビョンチョル》会長が一世一代の決心をしたのは、人生の黄昏時を迎えたころだった。七三歳だった一九八三年、半導体事業に参入すると決めたのだ。じつは半導体は巨額の投資が必要な事業だった。生産ライン一つ立ち上げるにも一〇億ドルを超えた。役員たちがその計画に反対したのも無理はなかった。

「半導体はリスクが大きい事業です。投資金額が大きく、商品の寿命が短いからです。しかもわが社にはまともに研究員もいません。このままではライバル社に追いつくのに二〇年かかるかもしれません。われわれがこの事業を成功させるのはほぼ不可能です」

十分な検討を終えると、李秉喆は深く悩んだ。

〈事業がうまくいかなければ会社は潰れるかもしれない。私は七三だ。責任を取れるのか〉

だが彼には強い確信があった。李秉喆は決然と意志を固めてこう言った。「半導体は私の最後の事業であり、サムスンの大黒柱となる事業である」。創業者が渾身の覚悟でしがみつくと、すべてが予想を超えて順調に進んだ。事業初年度、サムスンは半導体の開発を終えて、製品の発売に成功した。半導体事業のおかげで、サムスン電子は世界トップの半導体企業に成長することができた。

37 お金持ちになるのが難しい世の中

「親世代と比較したとき、今のほうがお金持ちになりやすいのでしょうか、それともその逆でしょうか」

ふとソユンに尋ねてみた。じつはソユンを訪ねる前まで、私はこの質問の答えを探し求めていた。多くの学者や専門家を訪ね歩いたが、誰の口からも納得いくような答えは得られなかった。

「今のほうが難しい気がするのです。私の親を見てもそうです。両親は子どものころ、食べるのに困るほど貧しくて、結婚したときも借金しかなかったそうです。それでも急速に経済成長を遂げた七〇、八〇年代にお金を貯めて家を購入し、それをさらに高く売って資産を増やすことができたそうなんです」

最近読んだ新聞記事を思い出しながら、私は話を続けた。

「ところが最近は時代が変わったと言われますよね。裕福な家に生まれなければお金持ちになるのは大変だとか、階層間の移動が困難になったとか……」

ここで私は話を止めた。ソユンに言われたのではなかったか。**ハビング〈Having〉**をやれば誰でもお金持ちになれるのだと。彼女はまた、固定観念がお金持ちへの道を閉ざすとも言った。そんな貴重なアドバイスを聞いておきながら、ほかの人たちと同じようなことを言うなんて……。それは許されないことだった。私は言いよどんでしまった。

「そう思ったのですが……でも……」

ソユンは大丈夫だというようにほほえんでみせた。

「少し考えてみてください。自分の力でお金持ちになった人たちが本当にいないのかどうか……」


記者時代、取材で、一代で財を成したお金持ちたちに会う機会がときどきあった。その中には、数億ドル規模の会社を興した実業家や、数千万ドルの財産を築いた青年もいた。でもそれは、記者という職業柄、相対的にお金持ちに会いやすかったからではないか。ゆっくりともう少し考えてみた。知人の中に大きな富を築いた人が本当にいないのかと。

最近読んだ記事を一つ思い出した。アメリカのメガネブランド、ワービーパーカー〈Warby parker〉に関する記事だった。二〇一〇年、ペンシルバニア大学のウォートン校の大学院生たちが設立したこの会社は、ライバル社の三分の一の価格〈九五ドル〉でメガネを売ることで有名になった。何もないところからの出発だったが、会社は急成長する。設立から五年で年間百万個のメガネが売れ、米メディア〈Fast Company〉の「最もイノベーティブな企業〈二〇一五〉」に選ばれた。現在、ワービーパーカーの企業価値は一七億ドルと推定される。

じつはこの会社の共同創業者であるCEOたちは、私のMBAの同期生だ。おまけにそのうちの一人は一年のときにずっと同じクラスで授業を受けた。卒業前、彼らのアンケートに答えたこともある。いくらでメガネを買ったか、買うときに不便なことはなかったか、新しいメガネにはいくらまで出せるか、などといった質問だった。

一方で、新聞で見たデータ（360ページ図参照）を思い出した。二〇一六年、ピーターソン国際経済研究所〈Peterson Institute for International Economics〉が、『フォーブス』誌が選んだ億万長者を分析した資料だった。この調査によれば、億万長者のうち一代で財を成して成功したお金持ちの割合はだんだん増えている。一九九六年に一代型のお金持ちは全体の四四・七パーセントだったのに対し、二〇一四年はその割合が全体の六九・六パーセントまで増えている。［"The origins of the superrich:

The billionaire characteristics database"（February 2016）Caroline Freund and Sarah Oliver〕

ここまで考えて、私はソユンを見た。彼女は窓の外に視線を向けて、庭園に見入っていた。私が十分理解するまで忍耐強く待ってくれていたのだ。そのとき、美しく手入れされた木がかさこそと波打った。茂みの間に一羽の鳥が舞い上がったのだ。その場面を見ながらこう言った。

「考えてみたら、知り合いの中にも自分の力で大金持ちになった人たちがいました。それなのに、どうして私はお金持ちになれないとあきらめたんでしょう」

ソユンはすぐにはそれに答えず、急須を傾けると静かにお茶を注いだ。私の湯呑みにも注いでから、ゆっくりと顔を上げて私を見た。

「それは、私たちが自分自身の牢獄の中に、自らを閉じ込めているからです」

「牢獄ですか」

そう言われて、ソユンの別名が浮かんだ。「パラダイムシフター〈paradigm shifter　既存のパラダイムを変える人〉」。その名のとおりだった。ソユンは、私がこれまで世の中を認識してきた、その枠を変えようとしていた。

「自分の牢獄というのは、自分の中の世界観に縛られて、自らの可能性を閉ざしてしまったことを言います。逆に、これを壊しさえすれば、誰でも潜在能力を最大限に発揮してお金持ちになれるのです」

私はソユンに、機械論的世界観と有機

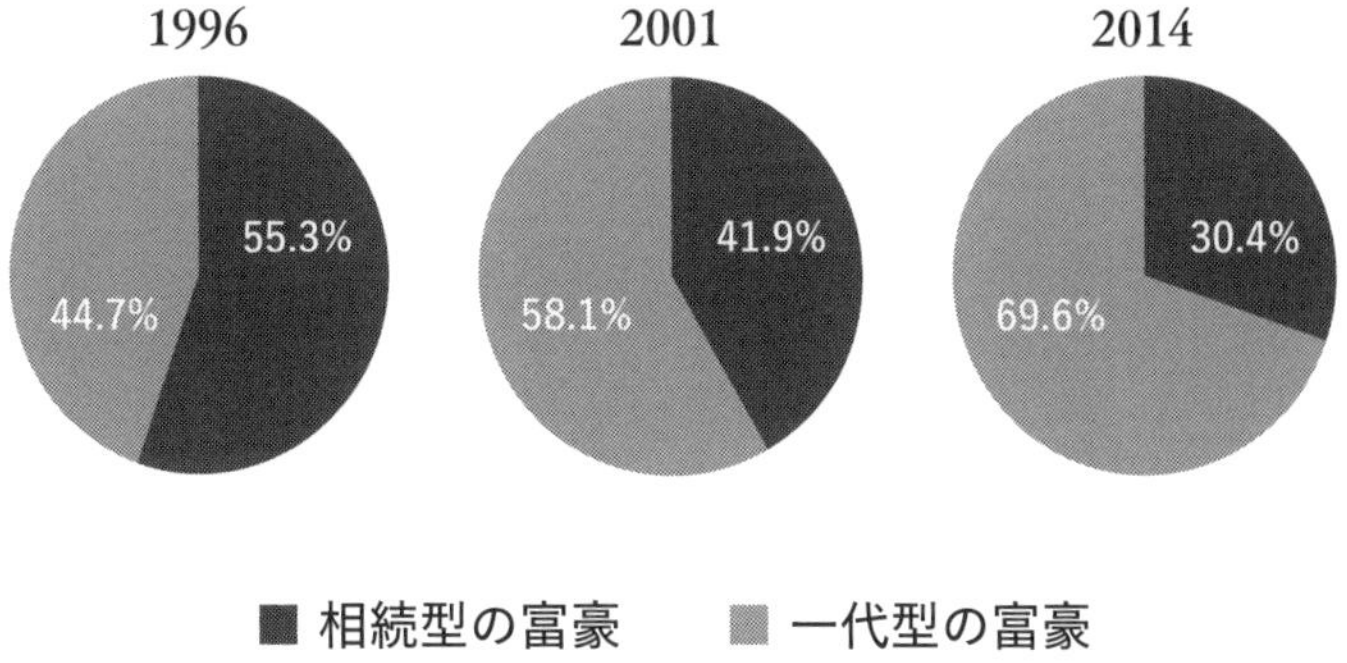

体的世界観について少し調べてみるようにと促された。

　機械論的世界観は、世の中を数学的な因果関係で作動する巨大な機械とみなす。私たちは世の中と完全に分離された存在であり、世の中は人間と関係なくそれ自体のメカニズムで回っているというものだ。一方、有機体的世界観は、人間を単なる観察者ではなく、世の中と結びついた参加者だと考える。この観点によれば、私たちはこの世界と分離されているのではなく、世の中とエネルギーをやりとりし、交流している。

　スマホで調べたものを読みながらうなずいていると、ソユンが説明を続けた。

「有機体的世界観は、東洋の伝統的な見方にも通じます。道教では〝天地と我は併存し、万物と我は一つになる〟と言っており、仏教では〝天地と我と同根、万物と我と一体〟と言っています。儒教では〝人間と万物にはすべて〈仁〉あるいは〈良知〉が宿り一体である〟としています。このように東洋哲学では、自然は生きている有機体として生命を宿し育み、人はその中で万物とともに相互依存しながら、調和して生きていくものとして理解されてきたのです」

>>> グルの言葉

・多くの人は自分の中の世界観に縛られて、自らの可能性を閉ざしてしまったのです。これを壊しさえすれば、誰でも潜在能力を最大限に発揮してお金持ちになれるのです

38 マトリックスを脱出する

私の理解が正しいのか、整理してみた。

「機械論的世界観によれば、私たちはこの巨大な世界の中の小さな付属品にすぎませんよね。でも、有機体的世界観における人間は、世の中を変えることができる存在の

ようですね……。正しく理解しているでしょうか」
「ええ、きちんと理解してくれましたね。本物のお金持ちの世の中の見方について、お話したことは覚えていますか」
「本物のお金持ちは感情を利用して自分の世界をつくっていくというお話でしょうか。覚えています。そう言われると、彼らこそ有機体的世界観の中で生きていますね」

本物のお金持ちたちが違う世界で生きているように感じられたのは、彼らが所有するブランド品やスーパーカーのためではなかった。彼らの世界観が違っていたからだった。考えてみれば、彼らから特別なエネルギーを感じ取っていた理由もそこにあった。その秘密に気づいたら、自然とため息がこぼれた。

「与えられた道以外の世界なんて、想像したこともありませんでした。そうとも知らずに機械の部品としてだけ生きていたんですね。世の中の基準に合わせようとやきもきしながら」

しょんぼりとした私の肩をソユンがぽんぽんと叩いてくれた。その手からはあたたかいエネルギーが伝わってきた。

「ホンさんだけではありません。たいていの人が無意識で機械論的世界観を受け入れています。その結果、世の中という巨大な工場の小さな歯車のような人生を選んでしまうのです。自分の潜在能力に早々と足枷をはめてしまって、一生のうちにいくら稼げるか、先に限界を決めてしまうのです。自分の欲を抑えて今日を犠牲にして、初めて貧しさから抜け出せる、という考え方もやはり同じ理屈です」

そうだった。これまで親や先生につねに言われてきた。「やりたいことはできるだけ我慢して、危険なことはなるべく避けなさい。そうしなければ崖から落ちてしまうよ」「楽しく遊んでばかりいたら、あとで困り果てることになるよ。厳しい世の中で生き残るには、今もっと辛抱しないと」

ところがソユンの話はまったく異なっていた。その考えは自分がつくりだした牢獄にすぎないというのだ。彼女はこうも言った。その牢獄を壊して外に出れば、お金持ちになれるのだと。それを聞いて私の体が真っ先に反応した。全身が活気にあふれて、手の指先と足先がぽかぽかしてきた。喜びで胸が弾んだ。

そのとき、ソユンが何気なく質問した。

「映画『マトリックス』は観ましたか」

「好きな映画です。何回も観ました」

ふと映画の主人公が赤い薬と青い薬を前にして悩むシーンが思い出された。赤い薬を飲むと、男は自分が機械の世界で生きていたことに気づく。そういえば、今の私の状況もそれと変わらなかった。

「あっ！　きっと私もマトリックスの中でずっと生きてきたんです。機械にエネルギーを供給するバッテリーとして生きてきたんです。お話を聞いて、私も赤い薬を飲んだかのような気分です。これからは本当の世界を見ることができそうです！」

「そうなのです。マトリックスの外に存在する本当の世界は、今まで認識してきた世界とはまるで違います。本当の世界では、内なる声を聞きながら潜在能力を解放させ、世の中を思うように変えていけるのです。これこそが、本物のお金持ちたちがやってきていることなのです。彼らにとっては日々が本当の自分で生きていくお祭りです」

前に座った私の師匠を見て、確信した。絶対にやれるという気がした。


「どうすればマトリックスを脱出できるのでしょう」

「信じないかもしれませんが、ホンさんはすでに牢獄の壁にひびを入れ始めています。エネルギーを吸い取るホースをすでに外したのです」

「次は何をすればいいのでしょうか」

「どこに向かうのか、自分の中の座標を設定し直さなくてはなりません。そして変わった自分が世の中にどんな影響を与えたいのかも一緒に考えてください。そのためには、まず新聞や本を読むときに、どんなふうに話の背景が違って見えるか、観察してみるのがいいと思います」

「その過程で**ハビング〈Having〉**をするのも役立つでしょうか」

「ええ。ハビング〈Having〉は率先してベツレヘムの星のような役目を果たしてくれるでしょう。不安と怖れを最小限にとどめるのにも役に立ちます」

そろそろ帰らなくてはならない時間だった。日本にもう少し滞在するソユンと違って、私は日常に戻らなくてはならなかった。別れ際、私たちは握手を交わした。彼女のあたたかな手から強力なエネルギーが伝わるようだった。

「マトリックスにこんな言葉が出てきます。〝君の心を解き放してあげよう。でも、私はそのドアを見せることしかできない。通るのは君自身だ〈I am trying to free your mind. But I can only show you the door. You are the one that has to walk through it.〉〟。最終的にマトリックスを壊すのは自分自身です。誰も代わってあげることはできません。ホンさんももうあと一歩です。もう一歩だけ踏み出せば、すべてが思っているより早く、そして簡単に進んでいくでしょう」

ソユンの最後の言葉がずっと頭から離れなかった。その言葉を胸に、部屋の外へと踏み出した。不思議なことに、来たときとは感じが異なっていた。完全に新しい世界に入った気分だった。強力なエネルギーに全身ぐるぐる巻かれているようだった。そのエネルギーをまとった私は、もう何でもできそうな気がした。もはや迷うことはない。私は力強く、前に踏み出していった。

グルの言葉

・たいていの人が無意識で機械論的世界観を受け入れています。その結果、世の中という巨大な工場の小さな歯車のような人生を選んでしまうのです。自分の潜在能力に早々と足枷をはめてしまって、一生のうちにいくら稼げるか、先に限界を決めてしまうのです。自分の欲を抑えて今日を犠牲にして、初めて貧しさから抜け出せる、という考え方もやはり同じ理屈です

・マトリックスの外に存在する本当の世界は、今まで認識してきた世界とはまるで違います。本当の世界では、内なる声を聞きな

がら潜在能力を解放させ、世の中を思うように変えていけるのです。これこそが、本物のお金持ちたちがやってきていることなのです。彼らにとっては日々が本当の自分で生きていくお祭りです

・信じないかもしれませんが、ホンさんはすでに牢獄の壁にひびを入れ始めています。エネルギーを吸い取るホースをすでに外したのです

・最終的にマトリックスを壊すのは自分自身です。誰も代わってあげることはできません。もうあと一歩です。もう一歩だけ踏み出せば、すべてが思っているより早く、そして簡単に進んでいくでしょう

39　本当の自分の声を聞く

「道を知っていることと実際に歩くことは違う〈There is a difference between knowing the path and walking the path.〉」

――映画『マトリックス』

日本から戻るとマトリックスをもう一度観た。映画に出てくる人物が全員、私にこう叫んでいるようだった。早く脱出しておいで。とくに、道を知っていること実際に歩くことは違うというセリフが、頭の奥底に刻まれた。ソユンが導いてくれたおかげで、私はその道が何なのか知った。あとはその道を歩くだけだ。最後の一歩を踏み出すのは、完全に私だけに与えられたミッションだった。

マトリックスを脱出すると決心したものの、どこからどう始めたらいいのか見当がつかなかった。それでも焦らないように注意した。ソユンの言うとおり、不安は**ハビ**

ング〈Having〉の何の役も立たない感情だったからだ。私は日本に行く前と同じく、ハビング〈Having〉ノートをつけて自分一人の時間を持つようにした。〝ある〟ことを感じて、穏やかな感情に留まり、内なる私に集中した。

変化は小さなことから感じ始めた。世界観が変わったからだろうか。まず新聞記事を読んでも、今までとは違う捉え方をするようになった。高収入を捨てて起業した人の記事を読んだときだった。以前の私だったら、それを読んでこう思っただろう。

〈一年以上も苦労して、まだ会社の損益分岐点に到達していないの？　やっぱり給料をもらって楽に生きるのがいちばんよ。荒野に出たところで、そうやって苦労するだけなんだから〉。ところが今は同じ記事でもこんなふうに読んだ。

〈この人は、もうマトリックスにエネルギーを吸われないんだ。自分を閉じ込める牢獄から抜け出している。すごい。私もきっともうすぐこんなふうになれる〉

本を読むときも同じだった。創業者のサクセスストーリーを読むと、過去の私はこんなふうに思いがちだった。
〈この人には優れた技術力があったからだ。あの人には世界を変えるアイデアがあったからだし。この事業家は体を壊すほど仕事一筋だったんだ。やっぱり成功はごく少数の人たちのものなんだ〉。でもマトリックスから抜け出そうと考えると、同じ内容を読んでもまったく違う感じ方をしていた。〈この人も**ハビング〈Having〉**をやったのかも。お金持ちになる未来を確信して、本当の世界に出て行ったんだ。もうすぐ私にもそんな未来がやってくるはず。もっと一生懸命**ハビング〈Having〉**をやって、自分自身に集中しよう！〉

正直に言うと、自分が機械の部品として生きていることには、以前から気づいていた。与えられた状況を変える勇気がないだけだった。ところがソユンはこんなふうに言っていた。もうあと一歩のところに来ていると。あと一歩だけ乗り越えればいいのだと。彼女の言葉どおり、あと少し、ほんの少しだけ前に出ればいいのかもしれなかった。その方法を知るために、私は**ハビング〈Having〉**にさらに集中しようと決めた。不要な集まりをキャンセルして、一人の時間を増やし、自分の心をつぶさに見つめ始めたのだ。

ある日の夜、私は**ハビング〈Having〉**ノートを書いて、ネットを検索していた。あれこれ記事を読んでいたのだが、突然、あるインタビューが目に飛び込んできた。それは小説家として成功した元記者の話だった。それを読んだ瞬間、頭の中にアイデアがひらめいた。

〈そうだ、これだわ！　ソユンから学んだことを本にしよう。彼女に直接会えない人たちも、幸運の秘密を学べるように〉

私はまずアメリカで出そうと決心した。ソユンのメッセージを韓国だけでなく、世界中の読者に教えてあげたかったからだ。もちろん無謀なことは十分承知していた。韓国でヒットしたいくつかの書籍が英語圏で紹介された例はあるが、在米韓国人でもないのにアメリカで先に本を出すケースなど、一度も聞いたことがなかった。おまけにアメリカは翻訳物にとっては狭き門の国だった。海外書籍は全体の五パーセントにも満たない。一度も本を書いたこともない私が、韓国でもなくアメリカで、しかも翻訳物として出そうとするなんて……。これは誰が見ても不可能に近い考えだった。

それでも、私は機械論的世界観から脱出することにしたのではなかったか。答えは他人ではなく、自分の心の中にあるはずだった。その答えを見つける方法は**ハビング〈Having〉**。私は二本の指を顔の前にもってきて、目を閉じたままアメリカで本を出版する姿を思い描いた。

英語になった本が私の目の前に描かれると、うれしさと満足感が心の中に広がった。あたたかいお風呂につかっているように、全身がふうっと緩む感じがした。疑う余地のない青信号だった。穏やかな気持ちで、私はアメリカに送る出版提案書を作り始めた。

数日後、出張で済州島に行くときのことだった。飛行機の窓の外を見下ろしながら**ハビング〈Having〉**をやっていたら、心の深いところからはっきりと声が聞こえた。

〈会社を辞めよう〉

何の声だろう？　会社を辞めろ？　所属先がない私の人生など、一度も想像したことがないのに。職場が消えたら月給も消えるという話だ。私はノーと頭を振った。

〈違う、そんなはずない。聞き間違いだ〉

ところが、心の声はさらに大きくなっていった。通勤の満員電車の中でも、無我夢中で仕事をこなしているときも、子どもの寝顔を見ているときも……その声はいまや私の体と心、私の魂までも揺さぶっていた。

私は自問した。

〈これが本当の私の声なんだろうか。私の無意識が幸運への道を教えてくれているんだろうか〉

質問に答えるように、心の声がはっきりと答えた。

〈そうよ。これはあなたの内面が教えてくれる信号なの。もうやりたいことを見つけたじゃない。これ以上、マトリックスにエネルギーを奪われる必要はないのよ〉

じつは私の仕事は安定が保障された道だった。外資系企業で対外協力理事として働いていた私は、それなりに成功した会社員だった。上司からは評価され、同僚との関係も円満で、年俸も昨年より一五パーセントアップしていた。このままいけば、しばらくはクビになる心配もしなくてよさそうだった。

それなのに辞表を出すなんて、周りが反対するのも当然だった。同僚の一人にはこう忠告された。

「景気もよくないのに、仕事を辞めて本を書く？　無謀ですよ。年間どれだけの本が出版されていると思ってるんですか……。週末に趣味で書けばいいじゃないですか」

こんなふうに言う友人もいた。

「この年でやりたいことをやって生きている人なんて限られてるわよ。下手に冒険なんかしたら、キャリアだけ中断されて、再就職だって難しくなるのに。とんでもない夢を見るのはやめて、いい加減、目を覚ましてよ」

40　新しい道の出現

固定観念にとらわれた言葉を言われつづけると、ありとあらゆる考えが次々と浮かんできた。

〈むやみに辞表なんか出して失敗したらどうするの。子どもの教育費やローンの返済は？　夫の給料だけでやっていける？　みんなの言うように勤めながら書いてみようか。やっぱり安定した収入があったほうがいいだろうから〉

〈みんなにどう思われるかも気になる。無職になったら名刺もなくなるわけだし。仕事がなくて軽く見られたらどうしよう〉

何日も思い悩んだ私は、ソユンにメールを書いた。

「会社を辞めるかどうかで悩んでいます。引き留める人たちの話を聞いていると、とても不安になります。内なる声ははっきりしていますが、こんなに不安で、気持ちが揺れ動くときはどうしたらいいのでしょうか」

数日後、次のような返事がきた。

「ホンさんのメールを読むと、すでに答えは決まっているのがわかります。不安をなくすために確信が必要なのであれば、それすらもすでに自分の中にあるということを感じてください」

ソユンからのメールを何度も声に出して読んだ。単語一つひとつに込められた意味を心に刻めば刻むほど、私を苦しめていた不安は次第にうすれていった。私は自分に誓うように言った。

「ソユンは私を信頼してくれている。そうだ、自分の力で答えを探せるはずだ」

メールを読んだら、何をすべきかわかった。それは**ハビング〈Having〉**だった。私はじっと目を閉じて、ほかの人たちに言われた言葉を一つずつ思い出してみた。すると胸が苦しくなって、重い石の塊を乗せたように首と肩ががちがちになった。耳には耳障りな雑音が鳴り響いた。頭の中では激しい台風が吹き荒れた。〈これは赤信号だわ！　不安と心配はすべて嘘の声だったのね。他人の言葉に振り回されないようにしなくては〉

不思議なことに**ハビング〈Having〉**をやるほど、私の決定を後押ししてくれるできごとが次々に起こった。まるで私を取り巻く世界が、こっちが幸運への道だと矢印で示してくれるように。

ソユンにメールをもらってから数日後、思いがけない電話がかかってきた。いま住んでいるマンションを売れという不動産会社からの電話だった。提示された価格を聞いて私は仰天した。マンション価格が数カ月で三億ウォンも上昇したのだ！　三億、機械論的世界観から見れば、ひと月五百万ウォンを五年間こつこつ貯めてようやく手にできる額だった。そんな大金が入ってくるなんて、電話を切ってからも信じられなかった。

数日後、売買契約書にサインをしながら、私は**ハビング〈Having〉**が呼び込んだ奇跡に驚くしかなかった。

〈これが**ハビング〈Having〉**の幸運なんだ。**ハビング〈Having〉**がつくる世界はこういうものなんだ。本当にすごい！〉

その夜、家を売った記念に家族で有名なフレンチレストランに出かけた。夫にはすてきなスーツを、息子にはかっこいいトレインテーブルをプレゼントした。レストランで香りのいいワインを飲みながら、私はこう思った。

〈幸運の道を選ぶと、ずっとこういうことが起こるのかもしれない。勇気を出して内なる声に従うべきだろうか〉

決定的なできごとは一週間後に起こった。会社の前のコーヒー専門店で並んでいると、手に違和感があった。深く考えずに手を見た瞬間、ぎょっと驚いてしまった。いつも首にかけている会社のＩＤカードが半分に割れていたのだ。下に落としたり、衝撃を受けたりしたわけでもないのに、厚いプラスチックが真っ二つに割れるなんて……。突然すべてのことがはっきりした。私はそっと笑った。

〈これは**ハビング**〈**Having**〉が教えてくれる信号なんだ〉

もはや迷うことはなかった。私はすぐにオフィスに戻り、辞表を書いて提出した。業務の引き継ぎを終えて、いつのまにか最終日になっていた。私は段ボールに荷物を詰めて、みんなにあいさつするとオフィスを出た。ビルから出ると全身にしびれるような快感を覚えた。私を縛りつけていたマトリックスから抜け出せたのだ！　世界のすべてが自分のものになったように感じた。両手を広げて、この解放感を満喫したい気分だった。

帰宅した私はソユンにメールを書き、これまでにあったことを詳しく綴った。そしてあたたかいお風呂に入って、いつにもまして穏やかな気持ちで眠りについた。

＊＊＊

翌朝はゆっくり目を覚ました。もう急いで出勤することもなく、息切れするほどびっしり詰まったスケジュールもなかった。つねに慌ただしく鳴っていた携帯電話は眠ったように静かだった。これからは、私の時間の主人はこの私だった。ゆったりと起きてキッチンに向かい、軽やかな気持ちでコーヒー豆を挽き始めた。お湯をわかしてコーヒーを淹れると、ほのかなコーヒーの香りが部屋中に広がった。

そのときだった。しんとしていた携帯電話が振動音とともに鳴りだした。携帯の画面を見て、私はうれしくてにっこりした。ソユンがビデオ通話をかけてきたのだ。携帯の画面の中のソユンは明るく笑っていた。絵のような湖と山を背景に、白いTシャツと淡い色のジーンズというラフな格好をしていた。彼女はあいさつしながら、自分は今、ニュージーランドのある湖の近くに滞在していると話してくれた。いつになく健康で元気そうな姿だった。

お互いの状況を尋ねあい、電話を切ると、あたたかな日差しにぽかぽかと包まれるような気分になった。まるでソユンが守護天使のように守ってくれているみたいだった。その瞬間、本能的に思いたった。

〈今日、すぐにアメリカに提案書を送ろう。ソユンと電話もできて、なんとなく素敵な幸運が宿りそうな気がする〉

作成中だった提案書を急いで仕上げると、私はアメリカの出版エージェントを探してリストを完成させた。さあ、準備は整った。幸運の女神がついていてくれますように！　私は目を閉じて静かに呼吸を整えた。そして手を伸ばして「送信」ボタンをクリックした。軽快なクリック音とともにメールはどこかに飛んでいった。今、ボールは向こうに渡った。

＊＊＊

二週間が過ぎた。その間、何通かの断りのメールが送られてきた。そんなメールを受け取るたび、私は**ハビング〈Having〉**に集中して平常心を保とうと努めた。一人だけの時間を過ごし、自分にあるものを思い浮かべると、ざわざわして不安だった気持ちが湖のように鎮まった。

ある朝、携帯に見慣れないメールアドレスがあった。それはアメリカのある有名エージェントのメールだった。私が送った資料を受け取ったという。そしてその次を読んだ瞬間、私は両手をぱっと挙げ、その場で立ち上がった。エージェントと契約してほしいというオファーだった。「やった、成功した！　ついにやった！」。私は思いっきり足を踏み鳴らしながら、家中を子どものように駆け回った。じいんとする喜びに全身はちきれそうだった。

＊＊＊

今、私は見知らぬ森へとつながる道の上に立っている。この道がどこに向かっているのかはわからない。でも不安や怖れはない。**ハビング〈Having〉**の世界を生きる私は、もう知っているからだ。この道の上で、幸運の女神が一緒にいてくれるだろうことを。本当の世界に出てきた私の前には、今や富と幸運だけが満ちていることだろう。

一歩、足を踏み出す。道を歩く私の頭上にまばゆい太陽が輝いている。隣を見ると、もう一つの私の太陽、ソユンが明るく笑っている。その黄金に輝くエネルギーを全身に感じながら、私は前に進んでいく。私はこの瞬間を生きている。私は今、**ハビング〈Having〉**をやっている。

THE HAVING : The Secret Art of Feeling and Growing Rich
by Suh Yoon Lee and Jooyun Hong

The Having
富と幸運を引き寄せる力

2021年6月6日　第1刷発行
2024年3月15日　第5刷発行

著　　者　イ・ソユン、ホン・ジュヨン
翻　　訳　吉原育子
発 行 者　矢島和郎
発 行 所　株式会社 飛鳥新社
〒101-0003
東京都千代田区一ツ橋2-4-3 光文恒産ビル
☎03-3263-7770（営業）　☎03-3263-7773（編集）
https://www.asukashinsha.co.jp

ブックデザイン　轡田昭彦＋坪井朋子
カバーイラスト　谷山彩子
翻 訳 協 力　株式会社リベル
校　　正　鳥田 寛

印刷・製本　中央精版印刷株式会社

ISBN 978-4-86410-808-9